Wappen

Freystadt — **Friedeberg** — **Glogau**

Hirschberg — **Hohenfriedeberg** — **Hoyerswerda**

Rothenburg a.d. Oder — **Ruhland**

Sprottau — **Weißwasser** — **Wittichenau**

Karte

Orte und Gewässer:

- Rothenburg
- Grünberg
- Grünberger Höhen
- Ochelhermsdorf
- Deutsch Wartenberg
- Naumburg
- Neusalz
- Beuthen
- Schlichtingsheim
- Freystadt
- Alteichen
- Brieg
- Neustädtel
- Gr. Landgraben
- ODER
- Bartsch
- Hirschfeldau
- Glogau
- Sagan
- Sprottau
- Sprotte
- Bober
- Heerwegen
- Kaudten
- Primkenau
- Muskau
- Saganer Heide
- Obergläsersdorf
- Weißwasser
- Priebus
- Neiße
- Kotzenau
- Lüben
- Zedlitz
- Spree
- Weißer Schöps
- Schwarzwasser
- Schwarzer Schöps
- Hoyerswerda
- Schw. Elster
- Wittichenau
- Rothenburg
- Alt Kohlfurt
- Bunzlau
- Haynau
- Schnelle Deichsa
- Fellendorf
- Katzbach
- Parchwitz
- Niesky
- Kunitz
- Penzig
- Liegnitz
- Reichenbach
- Görlitz
- Landeskrone
- Naumburg
- Gröditzburg
- Wahlstatt
- Lauban
- Seifersdorf
- Löwenberg
- Goldberg
- Akers
- Neukirch
- Rosenau
- Jauer
- Schönberg
- Wingendorf
- Greiffenberg
- Schönau
- Peterwitz
- Seidenberg
- Marklissa
- Liebenthal
- Lähn
- Bober Katzbach-Gebirge
- Tschocha
- Friedeberg
- Kauffung
- Schweinhaus
- Bolkenhain
- Hohenfriedeberg
- Bad Flinsberg
- Bad Warmbrunn
- Hirschberg
- Kupferberg
- Nieder Baumgarten
- Agnetendorf
- Stonsdorf
- Arnsdorf
- Schmiedeberg
- Landeshut
- Klein Iser
- Brückenberg
- Krummhübel
- Städtisch Dittersbach
- Isergebirge
- Reifträger
- Kleiner Teich
- Riesengebirge
- Grüssau
- Schneekoppe
- Liebau
- Ebersdorf
- Schömberg

Legende

- – – – Grenze Schlesiens
- – – – Reichsgrenze 1937
- – – – Provinzgrenze
- – – – Regierungsbezirksgr.
- ········ Kreisgrenze
- ▨ Stadtkreis
- ⊙ Kreisstadt
- ● Stadt
- ○ Dorf, Ortsch.

Maßstab: 0 5 10 20 30 40 km

Erle Bach

NIEDERSCHLESIEN IN FARBE

Zwischen Iserkamm und Schlesiersee

OSTDEUTSCHE HEIMAT IN FARBE

Band 1: *Ostpreußen, Danzig, Westpreußen in Farbe* (ISBN 3-8083-1072-3) – vergriffen
Band 2: *Schlesien in Farbe* (ISBN 3-8083-1071-5) – vergriffen
Band 3: *Westböhmen in Farbe* (ISBN 3-8083-1070-7)
Band 4: *Nordböhmen in Farbe* (ISBN 3-8083-1073-1)
Band 5: *Mähren und Schlesien in Farbe* (ISBN 3-8083-1074-X)
Band 6: *Pommern in Farbe* (ISBN 3-8083-1075-8) – vergriffen
Band 7: *Breslau in Farbe* (ISBN 3-8083-1076-6)
Band 8: *Riesengebirge in Farbe* (ISBN 3-8083-1077-4) – vergriffen
Band 9: *Das Ermland in Farbe* (ISBN 3-8083-1079-0)
Band 10: *Schlesien in Farbe* (ISBN 3-8083-1078-2) – Doppelband
Band 11: *Stettin und Mittelpommern in Farbe* (ISBN 3-8083-1080-4)
Band 12: *Ostbrandenburg in Farbe* (ISBN 3-8083-1081-2)
Band 13: *Hinterpommern in Farbe* (ISBN 3-8083-1083-9)
Band 14: *Sudetenland in Farbe* (ISBN 3-8083-1082-0) – Doppelband
Band 15: *Ostpreußen in Farbe* (ISBN 3-8083-1084-7) – Doppelband
Band 16: *Westpreußen in Farbe* (ISBN 3-8083-1085-5)
Band 17: *Das ganze Riesengebirge in Farbe* (ISBN 3-8083-1087-1)
Band 18: *Niederschlesien in Farbe* (ISBN 3-8083-1088-X)
Band 19: *Mittelschlesien in Farbe* (ISBN 3-8083-1089-8)
Band 20: *Pommern in Farbe* (ISBN 3-8083-1086-3) – Doppelband
Band 21: *Oberschlesien in Farbe* (ISBN 3-8083-1094-4)

Erle Bach

NIEDERSCHLESIEN IN FARBE

Zwischen Iserkamm und Schlesiersee

96 Großfarbfotos

Mit 76 Zeichnungen

ADAM KRAFT VERLAG
MANNHEIM

Titelbild: Wallfahrtskirche zu Wahlstatt (Foto: W. Lambert)
Landkarte und Wappen im Vorsatz, Landkarte im Nachsatz: Ernst R. Döring
Vignetten in der Landkarte im Nachsatz: Johannes Hinz

CIP-Kurztitelaufnahme der Deutschen Bibliothek
Niederschlesien in Farbe: Zwischen Iserkamm und
Schlesiersee / Erle Bach. – Mannheim: Kraft, 1987.
(Ostdeutsche Heimat in Farbe; Bd. 18)
ISBN 3-8083-1088-X
NE: Bach, Erle [Hrsg.]; GT
Vw: Strehblow, Barbara [Wirkl. Name] → Bach, Erle

ISBN 3-8083-1088-X

© Adam Kraft Verlag GmbH & Co KG Mannheim
Satz: Georg Aug. Walter's Druckerei GmbH Eltville
Druck: Heidelberger Reprographie Eppelheim
Lithos: VSO Merk & Steitz GmbH Villingen-Schwenningen
Bindung: C. Fikentscher KG Darmstadt

WAHLSTATT UND DAS ABENDLAND

Als der Schöpfer die Heimat der Menschen in all ihrer Mannigfaltigkeit schuf, hat er die Schlesier recht freundlich bedacht: Mit einem großzügigen Schwung verteilte er Saatkorn über ihrem Land. Was da nicht alles aufging, Spuren hinterließ und in wilder Farbigkeit die Geschichte des Landes schrieb!

Wie in einem niederschlesischen Guckkasten setzen sich aus bunten Glasscherben die Zeitbilder zusammen, verändern sich bei jeder Drehung des Kaleidoskops in immer neuer Reihenfolge: Frühzeit und geologische Entstehung, Handel und Besiedlung, Krieg und Frieden, Kirchenmänner und Glaubensverfolgungen, Barockklöster und Bethäuser, Dichter und Komponisten, Orgelbauer und Künstler, Feldherren und Fürstinnen, fruchtbares Ackerland und Webernot, Bodenschätze und Baumsterben – von allem wird ein Teilchen zu finden sein, ohne seine Wichtigkeit voll auszuschöpfen. Wo liegt das Land, von dem hier die Rede ist?

Im Mittelalter besaß sein Name eine für uns unvorstellbare Anziehungskraft. Heute jedoch fällt diesem Land im ewigen Gezeitenwechsel der Geschichte nur eine Statistenrolle im Welttheater zu; unbekannt und nahezu unentdeckt muß es am Bühnenrand stehen. Dabei breitet sich dieses Durchgangsland noch immer wie eine geöffnete Hand einladend nach Nordwesten zur Lausitz, nach Norden gegen Brandenburg und östlich nach Polen hin aus. Von der Frühzeit an folgten Völker und Menschen dieser Einladung. Sie benützten die niederschlesischen Handelswege als Brücke in andere Länder, als Rastplatz; sie sind durchgezogen oder geblieben. Germanische Völker hinterließen kostbare Funde als Zeugen hoher Kulturen der Bronze- und Steinzeit; auf die Silinger geht der Landesnamen Schlesien zurück. Die Wogen der Völkerwanderung schwemmten die hier ansässigen Wandalen fort bis nach Karthago (439 n. Chr.). Die Römer hängten ihnen den schlechten Ruf an, der bis heute zu allen passenden

F. G. Endler: Wahlstatt, Kr. Liegnitz

und unpassenden Gelegenheiten herhalten muß. Fast muß man dabei an das eigene Volk in der Gegenwart denken.
Frühgeschichtliche Handelsstraßen durchzogen das Land entlang der Flußläufe und über Bergpässe hinweg. Nach dem Abzug der Germanen sickerten in das nun menschenarme Schlesien von Südosten her slawische Stämme ein. Sie siedelten in den Niederungen von Oder und Bober, mieden aber die riesigen Waldgebiete, die das Land bedeckten.
In einer Zeit kulturellen Dämmerschlafes entstanden Burgen oder Kastellaneien an verkehrswichtigen Punkten. Mit Kaiser Friedrich Barbarossa (1152–1190), dem rotbärtigen Staufer, der seine staufersche Hausmacht zwischen Elsaß und Egerland auszubreiten verstand, rückte Schlesien von einem Tag auf den anderen ins Blickfeld: Friedrich Rotbart wollte den Söhnen des unter kaiserlicher Obhut freiwillig im Thüringer Exil lebenden – und später dort verstorbenen – Wladislaws II. ihr schlesisches Besitztum sichern. Deshalb überquerte er 1157 bei Kuh-Beuthen die Oder an der dortigen Furt, um gegen den Piastenherzog Boleslaw IV. von Polen zu Felde zu ziehen.

Mongolen vor Liegnitz (Hedwigslegende)

In einer feierlichen Zeremonie auf dem kaiserlichen Hoftag setzte er 1163 die drei Söhne des Verstorbenen in die ererbten Herzogtümer ein. Damit begründete der Staufer die glänzendste Epoche Schlesiens, dessen Morgen in der mittelalterlichen Geschichte mit der Berufung der Zisterzienser aus Pforta begann. Sie gründeten 1175 an der Oder das Kloster Leubus; Trebnitz und Heinrichau folgten. Auf der Gröditzburg, die sich auf einem Basaltkegel (389 m) zwischen Bunzlau und Goldberg erhebt, unterschrieb Herzog Boleslaus der Lange, ein schlesischer Piast, 1175 den Stiftungsbrief für das Leubuser Kloster.

Den ersten Klostergründungen folgte die Besiedlung; Herzog Heinrich I. und Hedwig von Andechs und Meran, seine Gattin, setzten das vom Vater begonnene Werk fort. Schlesien wird zum Land der Verheißung. Vom 12. Jahrhundert an künden Boten von seinen Bodenschätzen, Werber ziehen durch die Lande, sprechen von besten Ackerböden und guten Handelsstraßen für Handwerker und Händler. Weit über ganz Europa leuchtet Schlesiens Namen. Stadt- und Dorfgründungen legen noch heute beredtes Zeugnis ab, obwohl sich das Land stellenweise wieder in einem Dornröschenschlaf zu befinden scheint.

Dem nach langen Jahrzehnten aus der Fremde in die Heimat zurückkehrenden Schlesier begegnen auf dem Weg von Liegnitz nach Breslau rotbeinige Störche, die über feuchte Wiesen stolzieren, um Futter für ihre Jungen in den Nestern auf Kirchtürmen und Hausdächern zu holen. An den Rainen der Kornfelder leuchtet roter Mohn, und zwischen dem Weiß der vielen Margeriten nicken tiefblaue Kornblumen. Lerchen, die man woanders nicht mehr entdeckt, steigen jubilierend in den Himmel.

Das Land rechts und links der Straße, flach und ohne Horizonte, liegt noch im Morgendunst verborgen. Plötzlich wächst rechter Hand ein riesiger Schatten aus der dünn besiedelten Landschaft und gewinnt, einer Fata Morgana gleich, Konturen. Vor den erstaunten Augen baut sich die mächtige Turmfront der Klosterkirche zu Wahlstatt auf.

Sobald die Morgensonne den Dunst über den Feldern zerreißt, verfängt sie sich in dem gewaltigen, der Höhe des Eingangsportals entsprechenden vergoldeten Strahlenkranz über dem von Engeln bewachten Mittelteil der Klosterkirche, Sinnbild des schicksalsträchtigen Namens der »Wahlstatt« bei Liegnitz, der weit aus der abendländischen Geschichte herausragt.

Bei dem Gedanken, sich hier mitten auf dem legendären Schlachtfeld zu befinden, auf dem sich 1241 das Schicksal der europäischen Kultur entschied, werden die Geschichtsstunden der Schulzeit wieder lebendig: Heldenlied, Legende und Geschichte; hier mähten heidnische Reiterheere aus der fernen Mongolei die tapfer Seite an Seite ohne eine Chance kämpfenden schlesischen und polnischen Ritter nieder. Alles ist gegenwärtig: das abgeschlagene Haupt Herzog Heinrichs II., aufgespießt auf eine Lanze zum Zeichen des Sieges der Mongolen, die Trauer seiner Gemahlin Anna und der Mutter,

der hl. Hedwig, die beide beschließen, auf dem Schlachtfeld als »Seelgerät« für die Gefallenen eine Propstei zu stiften.
Die heutige Klosterkirche ist Nachfolgerin des ersten bescheidenen Baues, errichtet in den Jahren 1723–1731 von dem böhmischen Stiftsbaumeister Ignatz Dientzenhofer im überquellenden Barock, wie ihn die Benediktiner liebten – denn Kirche und Gut Wahlstatt gingen mit nachdrücklicher Förderung durch Kaiser Leopold I. Ende 1703 an sie über.
Weshalb soll das Abendland in Wahlstatt gerettet worden sein? Der abgeschlagene Kopf des Herzogs läßt eher vermuten, den Sieg hätten nicht die christlichen Verteidiger davongetragen. Vielleicht gibt das erst 1962 in der früheren mittelalterlichen evangelischen Kirche eingerichtete Museum der Mongolenschlacht Auskunft. Eine gelungene Nachbildung der Grabsculptur Herzog Heinrichs II. aus Breslau beherrscht den Raum. Von der Decke hängen die Seidenbanner deutscher und polnischer Ritter in friedlicher Eintracht, wie sie an der Schlacht teilnahmen: die einen unter dem Banner mit dem schlesischen Adler, erkennbar an dem liegenden Halbmond quer über die Brust, die anderen unter dem polnischen Adler. Dazu werden viele Kettenhemden und Beinlinge, Schwerter, Lanzen, Schilde und Brustpanzer gezeigt. Ob sie wohl alle die Zeiten seit 1241 überdauert haben, wo doch so viele Kriege über dieses Land hinweggezogen sind?
Bildtafeln ringsum geben die Hedwigslegende unter Einbeziehung der Mongolenschlacht wieder; sie ist auch Thema der tief beeindruckenden Ausmalung der Klosterkirche, die 1733 der aus Bayern stammende Künstler Cosmas Damian Asam geschaffen hat. Sein Hochaltarbild zeigt die Auffindung der Leiche Herzog Heinrichs.
Wer glaubt, das Schlachtenmuseum bleibe auf den Mongoleneinfall beschränkt, wird mit Verwunderung folgenden Hinweis lesen: »Der polnische König Jan III. siegte 1683 bei Wien über die Türken. Diese Klosterbauanlage in ihrer barocken Ausstattung beweise ›das von den österreichischen Kaisern unterstützte Programm der Verteidigung des Katholizismus vor den Protestanten‹«. Schade! Wie konnte man das fruchtbare Miteinander mittelalterlicher Einträchtigkeit und Freundschaft so stören!
Die Frage nach der Grenze zwischen Wahrheit und Legende hat das Museum nicht beantworten können; fehlt doch darin das tatarische Kaninchen, das Weltgeschichte schrieb. Seinetwegen kam die mongolische Sturmflut bei Liegnitz zum Stehen; sonst hätte sie sich wohl wie eine Feuersbrunst über das Abendland weitergewälzt, da tote Feinde den sieghaften Angreifer wohl kaum zu schrecken vermögen.
Anstatt weiter nach Westen zu stürmen, sammelten sich die mongolischen Reiter und stoben, in eine riesige Staubwolke gehüllt, gegen Osten davon! Auf dem schnellsten Wege mußten sie zurück in das ausgedehnte asiatische Reich, das Dschingis-Khan 1206 gegründet hatte. Seitdem waren die verwegenen Reiter aus der Mongolei in riesigen Heeren auf Eroberungszüge ausgeschwärmt. Der letzte hatte sie auf Befehl Khan Ügedeis nach Europa geführt.

Siegel der Hl. Hedwig

Als seine Reiterheere durch Schlesien brausten, jagte Ügedei fern in der Mongolei. Sein Pferd sank beim rasenden Galopp mit einem Bein in einen Kaninchenbau ein, stolperte und warf den Reiter ungestüm ab, wobei er sich das Genick brach. Erstaunlich rasch – die Mongolen besaßen ein vorbildliches Nachrichtenwesen – drang die Nachricht von seinem Tod zu den mongolischen Truppen in Schlesien. Ein Nachfolger mußte gewählt werden. Es wählt sich leichter mit starker Rückendeckung. Deshalb nahmen die mongolischen »Kurfürsten« vorsichtshalber ihre Reiterheere mit zum feierlichen Staatsakt – wodurch der Westen vor weiteren Heimsuchungen verschont blieb.

Wahlstatt ist deshalb zum Meilenstein europäischer und christlicher Geschichte geworden, versinnbildlicht durch den goldenen Strahlenkranz seiner prachtvollen Klosterkirche, der in der Morgensonne aufleuchtet.

Die Menschen zwischen Hohem Iserkamm und Schlesiersee sind seit eh und je in ihrem Wesen widersprüchlich geartet, farbig in all ihren Schattierungen und wiederum einheitlich mit manchen Charakterzügen – eben schlesisch, wie es sich der Schöpfer dachte, als er Land und Leute schuf. Bis heute verehren die Schlesier zwei höchst gegensätzliche Schutzpatrone. Selbst im Herzen eines evangelischen Schlesiers nimmt die fromme Landesmutter einen festen Platz ein. In unbekümmertem Aberglauben legt der Schlesier jedoch seine Gemütslandschaft Rübezahl, dem Herrn der Berge, an sein starkes Herz. Er weilt mindestens so lange als Beschützer im Lande wie die Landesmutter: der mit allen Tugenden und Untugenden ausgestattete Donnergott und Schalksnarr, die sich beim schlesischen Menschen wiederfinden. Kein Wunder, wenn Hedwig und Rübezahl, dieses ungleiche Gespann, nebeneinander Platz haben – einer wäre bei dieser Spannweite der Gefühle viel zu wenig. Evangelische Familien erbauten sich an der Weihnachtskrippe, wie sie in katholischen Gegenden zum Fest gehört; das erinnert an den herzlichen Umgang mit den Schutzpatronen.

Wer sich auf Spurensuche in diesem Land mitten in Europa befindet, das auf unerklärliche Weise ferngerückt ist, – das man zwar bereisen kann, obwohl es kein Reiseland nach heutigen Maßstäben ist – der trifft zuweilen plötzlich mit dem Gestern und Heute zusammen, wie auf der Straße von Liegnitz nach Breslau. Sie befindet sich zwar in einem leidlichen Zustand und folgt weitgehend der Hohen Straße, jenem wichtigen mittelalterlichen Handelsweg – und ist doch gleichzeitig ein Überbleibsel aus der jüngsten Geschichte; denn 1937 wurde sie zur Autobahn ausgebaut.

Zufällig entdeckte man bei den Bauarbeiten – 700 Jahre nach der Mongolenschlacht – das größte europäische binnenländische Bernsteinlager: 36 Zentner Bernstein! Weil diese Entdeckung noch gar nicht so lange zurückliegt und bald darauf umwälzende Ereignisse eintraten, hat es die Legendenbildung schwer mit dem Bernstein aus Niederschlesien. Die einen führen diesen Fund auf die Bernsteinstraßen zurück, die durch das Land führten: Nach ihrer Meinung kann es sich nur um Lagerstätten handeln. Die Gegenmeinung besagt, das große, vom Norden kommende Eis habe mitgewirkt; denn es

Burg Liegnitz um 1200

sei freiliegender Seebernstein und in Blauerde eingelagerter gefunden worden. Eine Scholle dieser bernsteinhaltigen Blauerde habe das Eis vor sich hergeschoben, bis sie zwischen Liegnitz und Breslau zum Stehen kam.

Goldgelber Wein und ebensolcher Bernstein, sie beide gehören zum Land, genau wie das Gold, das bei Goldberg, im Bober-Katzbach-Gebirge und in vielen Flüssen aus dem glitzernden Sand gewaschen wurde.

GESINDEKOST UND FESTSCHMAUS

Fruchtbares Ackerland machte Niederschlesien zu einem Bauernland mit großen Gutsherrschaften, deren Herrenhäuser nicht selten größere oder kleinere Schlösser sind, wie dieser Bildband zeigt.

Schon sehr früh hatten diese Gutsherrschaften ihren Bediensteten gegenüber soziale Verpflichtungen zu erfüllen. Der Gutsherrin fielen dabei viele Aufgaben zu: Sie kümmerte sich um die Kranken, sah bei der Kindererziehung nach dem Rechten. Begabte Kinder der Bediensteten erhielten oft eine gute schulische Ausbildung. Diese Fürsorge wirkte weit in unser Jahrhundert hinein und blieb nicht selten noch über die Jahre des Heimatverlustes hinaus wirksam.

In alten Urbaren ist darüber nachzulesen. Ein Urbarium ist ein Güterstands- und Abgabenverzeichnis mittelalterlicher Grundherrschaften, heute eine wichtige Quelle der damaligen Rechts- und Wirtschaftsverhältnisse. Es ermöglicht uns, einen Streifzug durch die Gesindeküchen aus der Zeit des Alten Fritz zu unternehmen. Kein Geringerer als er hatte durch Kabinettsorder in den Jahren 1785 bis 1805 veranlaßt, in mehr als in 1300 schlesischen Dörfern Urbare zu gegenseitigen Verpflichtungen der Gutsherrschaften und ihrer Untertanen festzulegen.

Unter Ziffer 4 »Vom Dienen des Hofgesindes und von dessen Lohn und Kost« ist für uns Erstaunliches zu lesen. Diese

F. G. Endler: Parchwitz bei Liegnitz

Gesindekostordnung hält sich an die altbewährten Gesindekostlisten. Demnach hatte die niederschlesische Gutsherrschaft im ausgehenden 18. Jahrhundert neben dem eigentlichen Gesinde auch andere Gutsarbeiter – Hofeleute wie Dreschgärtner, Kleinbauern, die Fuhrdienste leisteten oder auch Ernteleute mit zu verköstigen.

Ein Auszug aus Urbaren der Kreise Hirschberg, Jauer und Lüben besagt:

»das Gesinde auf beyden Vorwerkern erhält wöchentlich folgendes an Brodt:

a) Jeder Knecht, Hirtte, Roßker, Wächter, Stahler und die beyden Groß-Pferdejungen erhalten wöchentlich 3 große Brodte à 8 Pfd. Teig. Jederer anderer Junge, die Schläußer-Weiber und jede Magd erhält wöchentlich 2 große Brodte à 8 Pfd. u. 1 mittleres à 5 Pfd. Teig ...

§ 6 Butter zum Eßen machen wird wöchentlich auf jedem Vorwerk auf 20 Personen 1 Quart gegeben ... Quarg bekommt jede Person ohne Unterschied von George-Tag bis Michaely 14 tägl. 1 Mandel von der Größe im Werthe nach zu 2 Denar, von Michaely bis George-Tag aber erhalten sie keinen Quarg.

Schlesisches Himmelreich

§ 7 Zur Einschneide in die Mittags- und Abend-Suppen bekommen sie wöchentlich von George-Tag bis Michaely jede Person ½ groß Brodt à 8 Pfd. Teig und von Michaely bis George-Tag jede Person 1 Tage-Brodtel à 3 Pfd. Teig. – Saltz bekommt jede Person wöchentl. ¼ Mäßel nach dem Mehl-Mäßel abgemeßen.

Anmerkung: Alle Kuchelspeiße und Saltz wird glat gestrichen, alles Mehl aber wird gehauft gemeßen.

§ 8 Die alltägliche Speisung des Gesindes ist durchs ganze Jahr hindurch auf beyden Vorwerken folgende:

Als Montags zu Mittage auf 6 Person 1 Mäßel Erbßen Breslauer Maaß und eine Brodt-Suppe, wozu sie vorbenente Einschneide bekommen und einen Mehl-Pappe, wozu auf 10 Personen 1 Mäßel Mehl gehauft gegeben wird... Dito des Abendes Eine Brodt-Suppe, und einen Mehl-Pappe...

Mittwochs und Sonnabends wie Montags, sowohl zu Mittage als des Abendes.

Dienstag und Freytags zu Mittage Graupe auf 8 Person 1 Mäßel; die Suppe und Pappe wie die übrigen Tage; so auch das Abend-Gerichte.

Donnerstags zu Mittage Hierße auf 8 Personen 1 Mäßel; Suppe und Pappe, als auch das Abend-Gerichte wie alle übrigen Tage.

Von George-Tag bis Miachaely bekommt jede Person ohne Unterschied wochentägl. zur Vesper 1 Quart und des Abendes 1 Quart Schlipper- oder Buttermilch, kalt.

Des Sontags bekommt das Gesinde das ganze Jahr hindurch zu Mittage 1 jede Person 1 gehauft Mäßel Mehl zu Klößeln... und die Klößel Suppe, worein sie auf jedem Vorwerke 3 Quart abgelaßene oder abgenomne Milch bekommen; desgl. erhält jeder Knecht vor 6 Denar, der Junge, Schläußern und jede Magdt vor 4 Denar Fleisch, welches entweder beym Fleischer gehohlet wird, oder wenn die Herrschaft selbst schlachten läßt, von selbiger in solchen Portiones gereicht wird. Des Abends wird auf 8 Personen 1 Mäßel Hierße und auf jede Person 1 Quart gesottene Milch gegeben.

Was die in den Woche-Tagen einfallenden Festtage anlanget, als nehml. der Neujahrs-Tag, Maria Verkündigung, Johanni und Michaelis-Tag; so erhält das Gesinde alles so wie am ordinairen Sontage; treffen diese 4 Quartal-Tage Sontags, so geht natürlich das Sontags-Gerichte ein, treffen solche Wochentage, so geht das Wochentags-Gericht ein.

An den Drey hohen Festen nehml. Weinachten, Ostern und Pfingsten bekomt das Gesinde den ersten Feiertag als den heil. Tag doppelte Portionen Fleisch, nehmlich zu Mittage eine und des Abendes eine Portion. Die übrige Kost wie am Sontage... An dem zweiten und dritten Feiertage ist die Kost wie an dem ordinairen Sontage...

An Ostern, Pfingsten und die Kirmes erhält das Gesinde auser der übrigen Kost noch Kuchen, und zwar jede Person 1 Waitzen- und 1 Afterkuchen, wozu auf 3 Personen 1 gehaufte Metze Waitzen und 1 Metze Roggen- oder After-Mehl gegeben wird.

In der Kirmes bekommen sie das ordinaire Wochentags-Gerichte, dabey aber 4 Portionen Fleisch...

An der Fastnacht bekomt das Gesinde ebenfals das ordinaire Wochentags-Gericht, so wohl Mittag als Abends, nur daß sie 3 Portionen Fleisch dazu bekommen.

An jedem der 3 hohen Feste – als auch Kirmes und Fastnacht

erhält jede Person ohne Unterschied 1 Quart Bier.
Am Weinachts heil. Abende bekomt das Gesinde folgendes: 1. Erbßen auf 6 Personen 1 Mäßel. 2. Eine Brodt-Suppe. 3. Mohn-Klößel, wozu auf jede Person 1 gehäuft Mäßel Mehl, auf 12 Person 1 Quart Honig, auf 12 Personen 1 Mäßel Mohn glat gestrichen gegeben wird. 4. Gebackne Birn auf 12 Personen 1 Metze gehauft gemeßen. 5. Jede Person 1 Quart gesottene Milch und vor 1 ½ Denar Semmel zur Einschneide darein. 6. Ein Gericht Sauerkraut, wie es die Herrschaft willkührlich geben will. 7. Heringe, jeder Knecht einen ganzen, die Schläußerin, Magdt und Junge 1 halben; so wie solche im Preiße nach zu bekommen sind. 8. Auf Strietzel, jeder Knecht 1 Sgr., Schläußern, jede Magdt, und jeder Junge vor 6 Denar.
Nach Beendigung der Erndte erhält das Gesinde an Erndte-Bier, nehml. das Obervorwerks-Gesinde 2 Vierlinge, das Niedervorwerks-Gesinde ebenfalls 2 dito, Summa 1 Achtel.«
Überall aß man viel Suppen, oft morgens, mittags und abends. Manche Gutshöfe boten noch eine Vespersuppe an, meist als Wasser-Mehl- oder auch Milchsuppe, aus Vollmilch nur an Festtagen. An Fleischtagen gab es »Brühsuppe«, und das Kochwasser der Klößel ist zu Klößelsuppe verwendet worden. Biersuppe gab es meist zur Erntezeit. Beliebt war in der Odergegend die »Hanfsuppe«, in die man gern reichlich Brot einschnitt, an Festtagen Semmeln oder Striezel. Dazu mußte man den gekochten, zerquirlten und durch ein Sieb gedrückten Hanfsamen noch mit Hirsemehl vermischen und in Wasser oder Milch aufkochen. Zum Würzen standen Zwiebeln, Pfefferkörner, Salz und Zucker zur Auswahl. Man kann sie auch mit Butter abschmelzen.
War von Mehl zu Schlitzken die Rede, handelte es sich um dicke Mehlnudeln, mit brauner Butter begossen und geriebenem Käse bestreut, ein Gericht, das vielleicht auf die »Schweizer« – ursprünglich aus der Schweiz stammende Melker – zurückgeht.
Von Kartoffeln ist noch kaum die Rede, aber man bezeichnete sie bereits als »Tartuffeln« oder auch »Erdbirnen«. In der Getreideebene wurden sie überhaupt nicht angebaut; sie sind nur in Jauer und im Gebirgsvorland nachgewiesen.
Die Einführung der Kartoffel muß im Niederschlesischen einige Schwierigkeiten bereitet haben. Ein Herr Leopold erntete von einem Beet der allergnädigsten Herrschaft zehn Scheffel Kartoffeln und gab sie dem Gesinde zu essen, das »aber weder Appetit noch Geschmack dazu hatte, weil sie so wildreich waren«. Zur Not konnten die Schweine Kartoffeln fressen. Doch zuvor galt es, die Schweinemägde zu beschwichtigen, die meinten, solche »Tartuffeln« könnten dem Vieh schaden.
Andere Urbare regeln die Verteilung von »Feldobst«, Backbirnen und Feldbirnen. Manche Güter zahlten Kuchen- oder Striezelgeld, als Sonderentschädigung für die große Mühe des Backens gewährten sie hier und da der Backmagd einen »weizenen Schiebekuchen« oder die »Trogkratze«, den im Backgefäß verbliebenen Rest.
Mit Milch ist immer Magermilch gemeint, Vollmilch nennt man süße Milch. Unter Butter versteht man das »Schmälzen«

Schlesische Bauersfrau aus dem Vorgebirge

der Speisen. Man sagte auch: zum Machen, Abmachen, als Mache, als Machebutter, als Mächsel. Oft verwendete man im Winter anstelle der Butter Leinöl.

In dieser Kost am Ende des 18. Jahrhunderts fehlte Zucker. Deshalb empfand man die Kostbarkeit von Vollmilch als »süße Milch«, und die mit Honig gesüßten Mohnklößel waren das einzige Süß des ganzen Jahres. Mohnklößel sind keine Klöße, sondern eine wohlschmeckende Süßspeise. Man braucht dazu einen halben Liter Milch, vier Eßlöffel Zucker, einige Eßlöffel Rum, ein halbes Pfund gemahlenen Mohn aus der letzten Ernte, 50 g Sultaninen, gehackte Mandeln, Semmelscheiben. Die Milch wird zum Kochen gebracht, Sultaninen werden in Rum eingeweicht, Zucker rührt man in die Milch ein. Das Ganze gießt man über den Mohn und rührt es, bis ein fester Brei entsteht. Die Semmelscheiben schichtet man abwechselnd mit dem Mohnbrei in eine Schüssel. Der Mohnbrei darf ein wenig flüssiger sein, so daß er die Semmeln leicht durchweicht. Die letzte Lage der schlesischen Köstlichkeit sollte Mohn sein. Man stellt die Schüssel kalt, bis die »Mohkließla« serviert werden. Sie waren den hohen Festtagen vorbehalten: am Heiligen Abend, zwischen Abendbrot und Mitternacht oder an Silvester, kurz vor Zwölf.

Mohnspeisen als Festtagskuchen gab es in dreierlei Arten: zunächst den Mohnstriezel. Ein guter Hefeteig wird ausgerollt und mit einer dicken Mohnfülle bestrichen, eingerollt

Haus der schlesischen Ebene

Alte Kaffeemühle

von zwei Seiten und auf ein Backblech gesetzt. Während des Backvorganges muß man ihn immer wieder mit guter Butter bestreichen. Den fertiggebackenen Striezel kann man mit Puderzucker bestäuben oder noch vor dem Backen mit Streuseln belegen.

Bei der beliebten Mohnbabe sind Teig und Fülle gleich; nur die mit Mohn gefüllte Teigrolle bäckt man in einer Napfkuchenform. Meine Großmuttel hat dabei nicht mit guter Butter gespart; genau wie beim Mohnstriezel strich sie immer wieder Butter über den halbfertigen Kuchen. Das ergab vom Geschmack her eine unvergleichliche »Mohbabe«.

Doch es gibt noch den Mohnkuchen auf dem Blech. Beim Scholz-Bauern in Johnsdorf, Kreis Goldberg, glitt noch 1942 einer nach dem anderen heiß vom Kuchenblech auf den mit sauberem Stroh ausgelegten Steinfußboden des Flurs. Auch beim Mohnkuchen spielte der Streusel die Hauptrolle. Da wird ein guter Hefeteig auf dem Blech ausgerollt, darauf streicht man angemachten Mohn mindestens 2 cm dick, ähnlich wie bei den Mohnklößeln. Darüber kommt eine ebenso dicke Schicht goldgelbe Streusel. Nach einer Faustregel darf der Hefeboden kein Maulsperrekuchen werden, sondern sollte möglichst noch dünner sein als der Belag. Denn:

»Schläscher Kucha, Sträselkucha,
doas is Kucha, sapperlot,
wie's uff Herrgotts grußer Arde
nernt nich su woas Gudes hoot!«

Der Mundartdichter Hermann Bauch verfaßte diese Lobrede in sieben Versen auf der Schlesier Leib- und Magenspeise. Über Mohnbabe und Streuselkuchen, wie sie auch das Gesinde unseres Jahrhunderts bekamen, möge ein typisches Weihnachtsgebäck aus Liegnitz nicht vergessen werden: Liegnitzer Bomben. Sie werden aus 200 g Honig, 75 g Butter, 150 g Zucker, 3 Eiern, Zimt, Nelken, einer Prise Pfeffer, Zitronat, Korinthen, 10 g Pottasche, 50 g Kakao und 300 g Mehl wie folgt zubereitet:

Eier mit dem Zucker schaumig rühren, die Butter mit dem Honig bei geringer Wärme zerlaufen lassen, abkühlen und den Eiern mit dem schaumig gerührten Zucker zufügen. Das Mehl hineinsieben, die Gewürze zugeben und die Pottasche nach Großmutterart mit Rosenöl auflösen und als letztes unterkneten. Als Formen für Liegnitzer Bomben gab es Schwarzblechringe, etwa 8 cm im Durchmesser und 5–6 cm hoch. Man legt diese mit Pergamentpapier aus, füllt den Teig

F. G. Endler: Kavaliersberg bei Hirschberg

zu drei Vierteln ein und bäckt etwa 30 Minuten bei mittlerer Hitze. Wie andere Kuchen heiß aus dem Pergamentpapier nehmen und mit einer guten Schokoladenglasur versehen. So einfach sind Bomben herzustellen – vorausgesetzt, es sind welche aus Liegnitz!

Auf dem Wege über Gesindekost und andere »Leckerfetzigkeeta« begleiten wir im Jahre 1800 John Quincy Adams, damaligen bevollmächtigten Minister der Vereinigten Staaten am Hofe zu Berlin, bei einem Besuch im Hause des Schmiedeberger Leinenkaufherrn Ruck.

Im 16. Brief, am 16. August 1800, erzählt er, daß die Reisenden aus dem Kloster Grüssau zurückkehrten, um bei Herrn Ruck in Landeshut zu speisen. Dort gab es ein feierliches Mittagsmahl nach der Sitte des Landes, dreißig Personen waren zu Gast. Man setzte sich nach ein Uhr zu Tische und stand ein wenig vor sechs wieder auf. Die ganze Zeit wurde mit Essen zugebracht. Wein trank man nur wenig. Nur je ein Gericht wurde gleichzeitig aufgetragen. Da bei einem Mahle von drei Gängen oder Aufsätzen jedes Gericht um die Tafel herumgehen und jedem Gaste angeboten werden muß, dauert die Zwischenzeit von einem Gericht zum andern

Bauernhaus in Hagendorf, Kr. Lauban

Kirche in Merzdorf, Kr. Hoyerswerda

sehr lange. Wie Herr Adams erfuhr, währte ein solches schlesisches Mahl bei ähnlichen Gelegenheiten volle sieben Stunden. Aus reiner Gefälligkeit sei dieses Mahl abgekürzt worden.
Nach dem Essen spazierten die Gäste im Garten umher, in einer Laube wurde Kaffee gereicht, man saß und plauderte. Bei Eintritt der Dunkelheit ging die Gesellschaft wieder ins Haus und setzte sich bis 11 Uhr nachts zum Kartenspiel zusammen. Danach stand wieder ein kaltes Abendbrot bereit. Als fremden Gästen war ihnen erlaubt, sich ins Gasthaus zurückzuziehen; die anderen blieben bis nach Mitternacht. Adams betont, so ginge es bei einem großen Gastmahl in Schlesien zu. Die Gesellschaft bestand aus den vorzüglichsten Leinwandkaufleuten und der lutherischen Geistlichkeit des Ortes. Sie hatten feine Sitten und gute Kenntnisse – doch keiner von ihnen sprach eine andere Sprache als Deutsch. Französisch wird als affektiert empfunden, man versucht es lächerlich zu machen.
Der Reisende lobt anschließend die lutherische Kirche von Landeshut und deren Bibliothek mit »vorzüglichen Bänden« über berühmte Männer des 16. und 17. Jahrhunderts wie Luther und seinen Freund Melanchthon. Anschließend besichtigte man noch die Leinwandbleiche des Herrn Ruck und reiste weiter.
Leider hat uns der so eifrig über seine Schlesienreise berichtende Amerikaner nicht verraten, was auf der Festtafel des Leinwandkaufherrn Ruck serviert wurde. Ob es das vielbesungene »Schlesische Himmelreich« war, das da mit auf den Tisch kam? Dazu braucht man 500 g geräuchertes Schweinefleisch, auch Gepökeltes wird verwendet, dazu 250 g Backobst, Salz, Butter, Mehl, Zucker. Man muß das Backobst über Nacht einweichen, das Fleisch in 1 Liter kochendem Wasser ansetzen und garen. Das Backobst dazugeben, alles weichkochen. Eine Einbrenne bereiten, mit Brühe ablöschen und abschmecken. Früher haben die Leute die Klößel dazu gleich mit in der Fleischbrühe gekocht, um die Einbrenne zu sparen oder aus Zeitgründen. Meistens werden Semmelklöße dazu gereicht. Die Hühndel- oder Wochensuppe war noch bis in unsere Tage üblich.
In einer unserer Notunterkünfte brachte mir nach der Geburt des ersten Kindes eine schlesische Nachbarin ein Töpfchen voller »guder Wochensuppe«. Wir waren alle sehr arm; doch sie hatte ein gutes Stück Fleisch mit Zutaten gekocht und blieb dabei, bis ich es gegessen hatte. Dem Kindel wünschte sie »alles Gude...«. Sie stammte aus der fruchtbaren Ackerebene, wo es früher sogar üblich war, ein Täubchen zu kochen, um es zu einem Krankenbesuch mitzunehmen.
An eine Taufe in Schlesien schloß sich gewöhnlich der Gevatterschmaus an, ein Gastmahl im Haus der Wöchnerin, bei dem die Jungfer Gevatter und der Junggeselle die obersten Plätze einnahmen. Dann erst kamen die anderen Gevattern und zuletzt der Vater des getauften Kindes, der »Kindelva-

ter«. Männer und Frauen saßen getrennt an jeder Tafelseite. Vor Beginn des Gastmahls sprach der Kindelvater ein Gebet, worauf die Speisen aufgetragen wurden.

Den Anfang machte die »gelbe Suppe« aus Milch, Safran, Zuckern und Eiern mit eingebrockter Semmel und Rosinen. Statt der gelben Suppe konnte eine Rinderbrühe mit Reis oder Semmel gereicht werden. Manchmal waren Blumenkohl, gefüllte Krebsnasen und kleine wohlschmeckende Klößchen in der Brühsuppe. Der nächste Gang bestand aus Rindfleisch mit Kren, oft mit Dämpfsoße. Danach wurden gekochte Hühner mit Reis, gut gewürzt und mit Rosinen bestreut, aufgetragen. Waren keine Hühner zu haben, tat es Kalbfleisch. Die Taufgäste erhielten anschließend »Schwarzfleisch«: gekochtes Schweinefleisch in Tunke oder Pflaumen- bzw. Kirschenmus, stark gewürzt. Nun erst kam das gebratene Fleisch: Schweine-, Kälber- oder Schöpsbraten.

Im Herbst fehlten auch die Gänse nicht. Zuletzt kamen die Fische auf den Tisch, meistens Karpfen aus den umliegenden Teichen in Pfefferkuchensoße aus Bier, Pfefferkuchen, Zwiebeln, Pfefferkörnern und Gewürzen. In anderen Jahreszeiten war es Fisch in Milchtunke, mit Zitronen abgeschmeckt. Brot und Butter beschlossen das Taufmahl; die Butter war in eine Lämmchenform gedrückt worden, das Lämmchen trug ein rotseidenes Bändchen um den Hals. Die Jungfer Gevatterin mußte das Butterlämmchen anschneiden. Zu Brot und Butter gab es guten schlesischen Ziegenkäse, dazu Bier und Kornbranntwein, auch Pomeranzen-, Magen- oder Garbe-Branntwein, ein Kümmel.

Nach Beendigung des Kindelschmauses blieben die Gevattern gewöhnlich noch mehrere Stunden beisammen. Die Männer rauchten in Gipspfeifen, die ihnen der Kindelvater reichte, die Frauen plauderten. Als Gevatterinnen waren sie verpflichtet, der Wöchnerin eine Suppe zu senden und in der Wochenmitte einen Wochenbesuch abzustatten, wobei sie meist ihr Geldgeschenk überreichten und dafür wieder mit Kaffee und Kuchen bewirtet wurden.

Früher war es gar nicht so selbstverständlich, daß ein Neugeborenes am Leben blieb; deshalb war die Jungfer Gevatterin verpflichtet, dem Kind an seinem ersten Geburtstag das »Jahreskleidel« zu schenken, so wie sie auch das Taufmützchen hatte machen lassen. Starb das Kindel, mußte die Jungfer Gevatterin für das Sterbehemdlein Sorge tragen. – Nach solch einem üppigen Taufmahl mögen sich die Gevattern viel erzählt haben. Gedieh das Kind, hat ihm seine Mutter aus Dankbarkeit wohl dieses alte Schlesische Wiegenlied gesungen:

»Ich hoa merr mei Kindla schloufa gelegt...«

SCHLESISCHER BAUERNHIMMEL

Wenn mer warn ei a Himmel kumma,
hoot die Ploog a End genumma.

So beginnt ein altes schlesisches Schmauslied. Es scheint auf den ersten Blick nichts weiter zu sein als eine derbfröhliche Singerei mit einem Vorsänger, wie bei vielen Mundartliedern in Schlesien üblich. Nacheinander führt er alles auf, was der einfache Mensch sich für seinen ganz persönlichen Himmel wünscht: »Honigschnieta, doaß se klecka«, oder: »Ei dam

Mutterglück

Schläs'scher Pauernhimmel
(Schlesisches Schmauslied) — Gesamtschlesien

[Noten]

1. Hopsa, hopsa rieber und nieber, gib mer a Buschla, ich gah dersch wieder, hopsasa. Wenn mer warn ei a Himmel kumma, hoot de Ploog a End genumma, hopsasa.

2. Ei dam Himmel is a taba,
nischt zer frassa wie Kucha und Baba.

3. Gruße Brute warn mer alla
und dos Geld mit Scheffeln massa.

4. Honigschnieta, doß se klecka
doß ma mecht de Finger lecka.

5. Teege Berna, walsche Nisse,
gale Aeppel zuckersisse.

6. Frassa warn mer wie de ferschta
Sauerkraut mit Labermerschta.

7. Fleesch und Tunke, Kließla miete
und ann gutt geschmierte Schniete.

8. Nisse krieg mer ganze Scheffel,
Putter fraß mer mit'm Leffel.

9. Do gibts ollerbeste Quärge,
hiecher wie de Glätzer Bärge.

10. Koffee hoot's egoal zer schloppern,
wie warn doo de Weiber ploppern.

11. Neue Kleeder warn mer kriega,
kinn a seidna Betta liega.

12. Doo warn mer olle jura, singa
und wie junge Beckla springa.

13. Olles labt durt ohne Surga,
Feierabend is friehmurga.

14. Doo hoot's keene Zins und Steuer,
olls is billig, nischte teuer.

15. 's hoot kee Elend und kee Reißa
und kee Zwicka und kee Beißa.

16. Wenn's irscht werd zum Saufa kumma,
wie warn doo de Bäuche brumma.

17. Wenn mer uns honn vuulgesuffa,
giehn mer ei de Wulka schluffa.

18. Doo warn mer im de Wette schnorcha,
nimme uff a Seeger horcha.

19. Keene flich und keene Wanza
warn ins uff 'em Bauche tanza.

20. Wach mer uf om andern Murga,
honn mer reen fer nischt ze surga.

21. Durte kinn mer olles macha,
'm Landroot eis Gesichte lacha.

22. 'm gnäd'gen Herrn de Noase rimpfa
und 'n Omptmoan Uchse schimpfa.

23. 's hoot keen Schulza und keen Richter,
lauter gude Schoofsgesichter.

24. Ju, ich frä mich uff a Himmel,
wie uff's futter Nupperschs Schimmel.

25. Is doas nich a schienes Laba?
Wenn's ock Gott mecht baale gaba.

26. Drim lußt ins de Gebote hala,
daß mersch's Türla nich verfahla!

Himmel ies a Laba, nischt zu frassa wie Kucha und Baba...«.
Im 13. Gesätzel heißt es gar: »Alles labt durt ohne Surga, Feierabend ies friehmurga!«
Danach fragt der Vorsänger nochmals: »Ies doas nich a schienes Laba? Wenn 's ock Gott mecht bale gaba.« – Zu allerletzt beschwört er seine Mitsänger: »Drim lußt ins die Gebote hala, doaß mersch Terla nich verfahla!« Denn was nützt der schönste Traumhimmel, wenn man dazu die Tür nicht findet, weil man Gottes Gebote nicht gehalten hat. Schon hier verrät das fröhliche Lied, was es meint: das schwere Leben des ländlichen Menschen von Sonnenaufgang bis Sonnenuntergang und darüber hinaus, wo Feierabend und Sonntag knapp bemessen sind und das Glück von einer guten Ernte oder dem Gedeihen des Viehs abhängt. Im »Schläschen Pauernhimmel« ist der Landeshumor eingefangen: jenes Lachen, hinter welchem die Tränen zu spüren sind. Ein Volkslied atmet die Seele einer Landschaft; wie in einem Spiegel wirft sie die Lebensbilder ihrer Menschen zurück – selbst heute, wo alles nur noch als Erinnerung an eine längst vergangene Zeit weiterlebt.

In diesem Spiegel erblicke ich das strenge und doch gütige Gesicht des Altbauern vom Scholze-Gut in Johnsdorf zwischen Langenau und Schönwaldau im Bober-Katzbach-Gebirge. Das ansehnliche, 300 Morgen umfassende Gut lag auf einer Anhöhe am Anfang des Dorfes, vier große Gebäude umstanden den Hof mit der hohen Linde und dem Brunnentrog; links vom Eingangstor das Ausgedinge des Altbauern mit Pferdestall, querstehend mit dem Ausgang auf die Felder die Scheune, gegenüber dem Ausgedinge der Kuhstall, der durch den Misthof vom Haupthaus getrennt war, in dessen hinterem Teil sich die Schweine- und Geflügelställe und im vorderen Wohntrakt die Bauern- und Gesindestuben befanden. Ein Stockwerk darüber lagen Schlafkammern, Wäschekammer und Mangelstube; vom Flur aus mit der Galerie führte die Treppe zum Kornboden und dem darüberliegenden Taubensöller am Giebel.

Mitte April, es war warm, die Sonne schien, hatte ich Schuhe und Strümpfe ausgezogen, um über die Wiesen zu laufen. Erzürnt rief der Altbauer Scholz: »Uff der Stelle ziehste die Schuhe wieder oan, doas Gift ies noch ei dar Arde!« Jahrhundertealte Erfahrung gebot auch den Bauern des Schlesierlandes, die Gesetze der Natur zu beachten. Für sie war der

»Jürgetag« (Georgi, 23. April) einer der wichtigsten: Hier war das Gift aus der Erde gewichen, man durfte »barbs« (barfuß) gehen! Beweis dafür waren die kleinen Erdhäufel der Regenwürmer, die am Georgitag die Wintererde aufzulockern begannen. Am 23. April beginnen die langen Tage, für Knechte und Hofeleute gibt es »Zahnr und Vaspr«, eine zusätzliche Brotmahlzeit am Vor- und Nachmittag. An Georgi muß das Korn schon so hoch stehen, daß sich Krähen darin verbergen können; sonst gibt es keine gute Ernte. »Jirgetag brengt a Vaspersaak, Michael trät a wieder heem.« Kirchenfeste und Aberglaube spielten oft mit ins bäuerliche Jahr hinein. Von jeher galt ein Kornfeld als heiliger Ort, den nicht selten dunkle Mächte bedrängten. Mit Gebeten oder Segenssprüchen begann der Bauer mancherorts das Pflügen, zog die ersten Furchen in Kreuzesform und säte die erste Saat in gleicher Weise. Vierzehn Tage vor bis vierzehn Tage nach Miachaeli mußte die Herbstfrucht ausgesät werden. Selbst Tage und Stunden waren dabei wichtig: Korn und Weizen an Maria Geburt; Gründonnerstag war gut für Flachs, desgleichen der Karfreitag. Die Georgiwoche heißt im Volksmund Popelwoche; da dürfen keine Kartoffeln in die Erde gesteckt werden, sonst gibt es schwarze Flecken (Popel). Erbsen, die man bei Neumond in die Erde legt, blühen zwar, tragen aber nicht.

Angeblich kommen keine Raupen ins Kraut, wenn es am 4. April gesteckt wird. Der Ostwind bringt den gefürchteten Hedrich. Deshalb achten die Gebirgler darauf, von welcher Seite der Wind weht, wenn sie ihren Hafer säen. Beim Weizen dürfte es ähnlich sein, heißt es doch im Volkslied:

    Ich hab mir mein Weizen aufs Bergel g'sät,
    hat mir der böhm'sche Wind verweht...

Gegen Vogelfraß der Körnersaat halfen bewährte Bräuche. In Lomnitz bei Hirschberg legte sich der Sämann einige Saatkörner unter die Zunge. Stillschweigend mußte er säen und noch vor Tagesanbruch fertig sein, um die schlafenden Vögel nicht zu wecken. Plagten ein Kind Zahnschmerzen, so sollte es sich auf die Erde legen und mit dem Mund die niedrige grüne Saat abbeißen. Wogte vor der Ernte das Korn im Winde, hieß es: »De Wölfe sein im Kurne« oder »is wudelt«. Bei Lauban und Wahlstatt nannte man das Mutterkorn »Wolf«. Glaube und Aberglaube verschwimmen hier; denn aus dem Wolf wurde der Nillemann (Zauchwitz), anderswo der Haferjunge. Ganz gleich, in welcher Gestalt der Spuk auftritt, er hat die Aufgabe, das Getreide zu schützen und die Menschen zu narren.

Ein echter Schadenstifter ist dagegen der Maulwurf, hier und da Multwurf genannt. Damit er die Ernte nicht verderben kann, schreckt man ihn: Am Gründonnerstag, Karfreitag, oft auch an Neujahr, gehen Knechte und Mägde über die Felder und schlagen mit Dreschflegeln auf die Erde. Um Sprottau herum steigerte man die Wirkung des Maulwurfschreckens, indem der mit dem Dreschflegel bewaffnete Mensch nackt oder im Hemde über die Felder ging... Geweihte Palm-

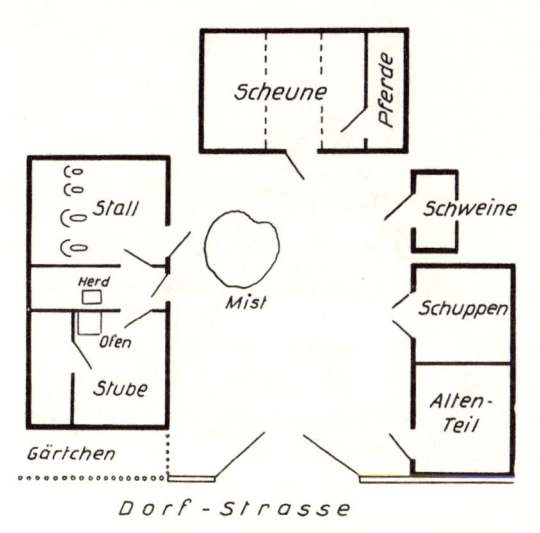

Gehöft im Vorgebirge

zweige, an den Ecken in die Felder gesteckt, schützten vor Hagelschlag. Bei Muskau oblag es den Jungfrauen, Böses, ob Hagel oder Dürre, von den Saaten abzuwenden. Miteinander schritten sie durch die Ackerfluren und sangen Bußlieder. Auch der Flachssegen war üblich. Bei Tagesanbruch mußte man an drei aufeinanderfolgenden Tagen das Gewende umschreiten und folgende Worte sprechen:

> Gott griß dich, liebes Flächsla,
> Gott gah dir a gut Gewächsla
> un loß dich wachsa bis oas Knie
> un noch a bißla wetter hie!

Das Getreidewachstum geht in einem bestimmten Rhythmus vor sich. Will Erich Peuckert, 1895 in Töppendorf im Kreis Goldberg geboren, hat uns in seinen Forschungen viel über dieses heimatliche Brauchtum hinterlassen. Demnach »schoßt« das Korn vierzehn Tage, die nächsten beiden Wochen »blüht« es, wieder vierzehn Tage »körnert's« und die letzten zwei Wochen »reift« es. Kornraden beginnen zu blühen, und die Kinder begrüßen sie fröhlich: »Rate rot, in vier Wochen neues Brot.«

Die nelkenartige Kornrade ist nicht zu verwechseln mit der blauen Kornblume, in Schlesien »Ziegabeen« genannt. Von ihr wiederum sangen die Kinder: »Ziegabeen, Ziegabeen, / hullt a Pauern vum Biere heem!« – Die Erntezeit war da. Goldgelbe Kornfelder leuchteten in der niederschlesischen Ackerebene, so weit das Auge reichte. Die Ernte heißt »Ahrn«; nicht überall begann sie zur gleichen Zeit. Die Lübener waren den anderen immer um eine Woche voraus. In manchen Dörfern wie in Hagendorf begann man niemals an einem Sonnabend mit dem Hauen des Korns, weil es sonst »die Mäuse fräßen«.

Hier ist von Erntezeiten die Rede, als noch keine breiten Mähdrescher über die Äcker donnerten, die nichts mehr »zum Stoppeln« übrig lassen. – Auch im heutigen Schlesien sieht man sie noch kaum, einige kolchosähnliche Landwirtschaftsbetriebe ausgenommen, so als wäre die Zeit um hundert Jahre zurückgedreht worden.

Wo die Familie einen Hof bewirtschaftete, mähte der Bauer mit der Sense Schwaden um Schwaden vorweg, die Bäuerin und die Kinder »rafften ab« und banden die Garben. Dazu drehten sie aus einer Handvoll gemähten Korns ein Seil, legten es auf die Erde und darauf soviel gemähtes Korn, wie man mit beiden Armen gut umfassen konnte. Nun galt es, mit dem Strohseil die Garbe zuzuziehen und mit einem festen Knoten zu verknüpfen, der später beim Dreschen in der Scheune leicht aufgehen mußte. Zur Getreideernte waren gutes Schuhwerk und lange Ärmel notwendig, wollte man sich nicht die schmerzhaften Kornblattern einhandeln: Kratz- und Stichverletzungen, verursacht durch die harten Halme, die schmerzhafte Entzündungen hervorbrachten. Ernten war keine leichte Arbeit; wen will es da wundern, daß sich die Menschen ab und zu mit einem fröhlichen Lied in ihren Bauernhimmel sehnten?

Fachwerkhaus im Vorgebirge

Auf Gütern war die Getreideernte Sache der Knechte, Mägde und Hofeleute. Kam der Herr während der Ernte aufs Feld, wurde er »gebunden« und mußte sich zur Strafe loskaufen! Meistens war es der älteste Knecht, der den Herrn mit den Worten band: »Sie wern mirsch nich fer unguut nähmen, sie zu binden...« Lösegeld war jeweils für einen Umtrunk zu zahlen. Im Riesengebirgsvorland um Lähn und Landeshut war es Sitte, die allerletzten Halme eines abgeernteten Feldes stehenzulassen. Damit sollte Mutter Erde versöhnt werden, gewissermaßen als eine Bitte für eine gute Ernte im kommenden Jahr.

Der letzte Schnitter wurde stets geneckt als Kurnzoil oder Weeßzoil, Kornschwanz oder Weizenschwanz; bei Jauer hieß er Weeßbeller, also Weizenhund. Er wurde als Faulpelz verspottet, weil meistens der schwächste der Schnitter »nachrechen« mußte. In Grünberg nannte man den letzten Schnitter Kater. Weil er den Kater gefangen hat, wird ihm sogar ein Schwanz aus Reisern und Kornhalmen umgebunden. An der Spitze des Erntezuges zieht er vom Felde heim; nicht selten muß er auch ein Kitschel (Kätzchen) tragen.

Die letzte Garbe ist mehrfach so groß wie die anderen: Es ist die Ahle, die Grußmutter oder Grulamutter. Sie versinnbildlicht den Erntesegen. Schwerer als die anderen, macht sie beim Abladen Mühe. Man drischt die Grulamutter allein mit der Hand aus, mahlt die Körner und bäckt daraus ein Brot (Kreis Jauer), das in sich nicht nur den ganzen Segen der Ernte birgt, sondern auch Heilkraft besitzt. Später verlor sich dieser Brauch. Das letzte Fuder Korn schmückte nur noch der Erntekranz, bevor es mit Gesang und Musik auf die Tenne zum Dreschen einfuhr. Am darauffolgenden Sonntag fanden sich alle Beteiligten in der Kirche zum Erntedank-Gottesdienst ein. Allerorten wurden Kuchen gebacken, die Mägde wanden für die Herrschaft eine Erntekrone oder den »Weeßekranz« aus goldgelben Ähren, Blumen und Flitterzeug. Während die jüngste Magd ein Dankgedicht vortrug, überreichten die anderen dem Herrn die Erntekrone:

„Der Kater"

Herr, hier bringen wir den Kranz,
Er ist gebogen und gezogen.
Die schöne Nachtigall ist durchgezogen.
Wollen sie die schöne Nachtigall wiederhaben,
So müssen sie den Kranz auf ihren Händen tragen.
Mögen sie so viel Malter Weizen geerntet haben,
Als Körnlein wir auf diesem Kranze tragen.

Rosmarin und Levkojen, mit roten Bändern als Sträußchen gebunden, trugen die Schnitter auf der Brust, die gleichen Blumen erhielten die Herrschaft und deren Gäste einzeln überreicht. Die Dankesworte verband der Gutsherr stets mit einer Geldspende. Bei keinem Erntedankfest fehlte der Choral »Nun danket alle Gott mit Herzen, Mund und Händen«. Darauf begann das Festmahl, an das sich fröhlicher Tanz anschloß.

In den Dörfern der Oderebene erhielt die Gutsfrau nicht selten eine Roggen-Ehrenkrone, eine kleinere kunstvollere Ausführung der sonst üblichen Erntekrone. Gerda Benz aus

Dorfkirchweih

Guhrau, welche die schlesische Brauchtumsforschung fortsetzt, verrät uns, wie ein solches Kunstwerk entsteht: Aus 50 cm langen Weidengerten biegt und bindet man eine Kronenform. Zum Umflechten benötigt man 20 m (!) aufgefädelter Roggenkörner; je größer sie sind, desto besser eignen sie sich zum Fädeln. Vorher müssen sie sechs Stunden lang in Wasser eingeweicht werden. Nachdem das Wasser abgegossen ist, quellen die Körner noch einen halben Tag (12 Stunden lang) weiter. Mit Knopflochgarn auffädeln, trocknen lassen, sie schrumpfen dabei um ein Fünftel zusammen. Durch Nachschieben entsteht eine straffe Kette, mit deren Hilfe man die gebogenen Weidenstäbe »mit Schleifen« beflechten kann. Farbige Papierrosen und bunte Bänder vervollständigen die Ehren-Erntekrone, die das ganze Jahr über einen gut sichtbaren Platz in der Stube erhält.

In Lomnitz bei Hirschberg opferte man die erste Garbe des ersten Fuders, das vom Feld kam, den Mäusen. Demnach wurde diese Garbe stillschweigend in den Bansen, eine Scheunenecke, gelegt mit den Worten: »Maus, Maus, hier hast du das deine, laß mir das meine!«

»Wer findet Bienen, hat Glück mit ihnen«, heißt es in Lomnitz. Die Bienenzucht kennt man seit Jahrhunderten im Lande. In Schlesien hielt man die Biene für ein frommes Tier, was die ungewöhnlichen Bienenstöcke in Höfel bei Löwenberg erklären mag: die zwölf Apostel in Mannsgröße neben anderen bäuerlichen Figuren. Wer an Weihnachten an den Bienenstöcken horcht, »wird sie summen hören zum Preise des Jesuskindes«. Wo man nicht den Bienen anzeigt, daß der Hausvater gestorben ist – das muß man auch dem übrigen Vieh sagen – »sterben« sie ihm nach.

Die Verbindung zu den Haustieren ist herzlich. Von einem Bauern um Bunzlau erzählt man sich, er habe im Winter das kleinste der neugeworfenen Ferkel aus dem Stall in die Stube gebracht und in die Wiege gelegt. Das Kind kam zu der Mutter ins Bett. Als die kurzsichtige Nachbarin zum Wochenbesuch kam, guckte sie in die Wiege und rief: »Ganz wie der Pauer sitt doas Kindla aus!«

Außer den Pferden war das Vieh Sache der Bäuerin. Der Aberglaube ließ sich nicht von den Ställen fernhalten: »Ein Pferd muß sterben, wenn ihm einer sagt, es sei schön.« Deshalb werden Fremde niemals in die Ställe gelassen. Eigenartig waren die Bräuche mit der ersten Milch der Kuh nach dem Kalben – im Unterland an der Oder heißt sie »Biestmilch« und wird weggeschüttet, in Lüben gleich in den Mist gemolken, in Lomnitz kommt sie ins Jauchloch – aber im Gebirge, vor allem auf den Iserkämmen, bereitet man daraus den Miezl-Branz: Aus der dicken gelben Milch entsteht durch Stocken ein dem Eierkuchen ähnliches Gericht. (Schade, daß man damals nicht ahnte, daß die Natur gerade in die erste Kuhmilch Wirkstoffe gezaubert hat, die für das Kälbchen lebenswichtig sind.) Wenn man droben auf dem Isergebirge der Kuh das Kälbchen fortnahm, wurde es rückwärts aus dem Stall geführt; denn die Kuh sollte sich nicht grämen! Wird das Vieh zum ersten Mal hinaus auf die Weide getrieben, legt man stillschweigend drei Rosen über den Querbalken der Stalltür, damit es gut frißt. Ein junger Hund wurde anhänglich, wenn man ihn mit Brot fütterte, das sein Herr gekaut hatte.

Längst ist die Zeit der Hausgeister vorbei, an die nur hier und da ein angenageltes Hufeisen erinnert; doch sollen die jährlich neu mit Kreide auf den Balken geschriebenen Buchstaben C+M+B viel wirksamer sein. Der »Uwamoan« ging in der Ofenhöhle um. Meist war es nur die Hausmaus. Doch sollen im Gebirge auch die Puschweibel in der Ofenhöhle überwintert haben. Unter der Türschwelle wohnte die Hausotter als Schutzgeist und Glücksbringerin. Sie hatte es sehr gern, wenn man dort Johanniskraut und Dill für sie vergrub.

Auf den Fensterbrettern der Bauernhäuser blühten Fuchsien und Pelargonien, fleißige Lieschen und Rosmarin. Kein Jungfernkranz ohne Rosmarin! Zum »Riechla« in der Kirche brauchten ihn die Frauen genauso wie Krauseminze. Nirgendwo fehlte ein Myrtenbäumchen, das die Mutter für das Brautkränzlein der Tochter zog. Die dicken schlanken Schwerter der Aloe mit ihrer Heilwirkung – aufgeschnitten auf Brandwunden gelegt – fand man in jedem Haus. Nichts kühlte und heilte besser als das geleeartige Blattmark dieser Pflanze.

Zum schlesischen Bauernhimmel gehören im »Gärtel« die Pumpelrosen, Phlox, Lack, brennendes Herz, Schusternelken, Strohblumen, Astern, Veilchen, Aurikel, Jungfer im Grünen, Märzenbecher und Levkojen in mit Buchsbaum eingefaßten Beeten. Weiter hinten sprossen »Zwippeln, Mairan, Schneetlich, Kren und Liebstöckel« (Zwiebeln, Majoran, Schnittlauch, Meerrettich, Maggikraut), wuchs ein Holunderstrauch, dessen Blütenteller man in Teig tauchte, um einen Eierkuchen daraus zu backen. Die Beeren des Holunders lieferten Saft zur Stärkung; daraus konnte man Gelee herstellen, das als Aufstrich auf Brot und Semmeln diente.

Alles gedieh auf dem Bauernhof: auf Fensterbretteln, im Gärtel, im Stall und auf den Feldern – ein langer Arbeitstag erwartete die Menschen, die bei Sonnenaufgang aufstanden, früh ihr Tagwerk begannen und spät am Abend beendeten. Waren die Bauersleute ins Alter gekommen, »wu sie wieder uff nunderschzu wachsa«, krumm die Rücken vom vielen Bücken unter schweren Lasten, nicht selten mit Gicht in den

Schlesische Lebensfreude

Fingern, zumal die Frauen vom vielen kalten Wasser – dann mochte das alte Paar mit sich und dem, was das Leben gebracht hatte, mit Gutem und Schlechtem, zufrieden auf dem Hausbänkel sitzen und denken: »Wenn mer warn ei a Himmel kumma, hoot die Ploog a End genumma...«

SCHMUCKSEEFA

Hinter diesem geheimnisvollen Namen verbirgt sich eine Dorfgeschichte, stellvertretend erzählt für die vielen stattlichen Bauerndörfer im Lande; ausgenommen die Gebirgsdörfer, handelt es sich zumeist um mittelalterliche Dorfgründungen, die ebenso planmäßig angelegt sind wie die Kolonistenstädte. »Schmuckseefa« ist nichts weiter als die liebevolle Bezeichnung der Schmottseiffener für ihren Heimatort.

Die Schmottseiffener Gegend ist sozusagen Herzland für die Mundart, denn von hier, nur auf die Entfernung einer sonntäglichen Nachmittagskutschfahrt mit dem Landauer entfernt, in Ober Steinkirch am Queis, wurde 1898 Wilhelm Menzel, der späte »schlesische Minnesänger« unserer Zeit

Haus mit Bühne in Schmottseifen

geboren. Wie kein anderer nach Gerhart Hauptmann brachte er die Mundart Schlesiens neu ins Bewußtsein. Diese Vorgebirgslandschaft hat ihn geformt.

Der Landauer, besetzt mit Erinnerungen als Fahrgästen, tritt die Rückfahrt nach Schmottseiffen an, wo beim Anblick dieses großen Dorfes die vom katholischen Glauben geprägte Geschichte, unberührt von den Religionskämpfen der nachreformatorischen Zeit, lebendig wird.

Wer Schmottseiffen sucht, findet es an der Strecke zwischen Löwenberg und Lähn, oder auch zwischen Löwenberg und Liebenthal. Es sind die gleichen Entfernungen, wobei die Bindung an Liebenthal und sein Benediktinerinnenkloster einst sehr eng war und das Gemeindeleben bestimmte.

Unter dem Priesternachwuchs des letzten deutschen Pfarrers, Prälat Martin Hammer, der vierzig Jahre lang in Schmottseiffen wirkte, befindet sich ein berühmter Mann unserer Tage. Ein Foto von 1940 zeigt einen lockigen Blondschopf im Matrosenanzug, der an der Orgel der Pfarrkirche sitzt. Er sei ein sehr begabter Nachwuchsspieler gewesen und konnte bereits im Alter von zehn Jahren den Gottesdienst auf der Orgel begleiten. Rudolf Müller, der Schmottseiffener Bauernsohn, ist kein anderer als der jüngste deutsche Weihbischof, der am 1. Juli 1987 im Anschluß an die Feierlichkeiten des Katholikentages der DDR zum Weihbischof von Görlitz ernannt wurde, das gleichzeitig das Restbistum Breslau verkörpert.

In seiner näheren Umgebung sind noch zwei Vertreter dieses Priesternachwuchses in Amt und Würden, ein weiterer leitet als Pater eine Missionsstation in Südafrika. Doch damit ist die kirchliche Tradition des Dorfes, priesterlichen oder Ordensnachwuchs hervorzubringen, noch nicht erschöpft: Auch in der nachgeborenen Generation, fern vom heimatlichen Schmottseiffen, wachsen junge Priester heran, wählen Studenten das Theologiestudium, hat ein junges Mädchen den Schleier als Ordensfrau genommen, als bestände die segensreiche Verbindung des Klosters Liebenthal mit seinem Stiftsdorf noch immer. Schmottseiffens enge Bindung an die katholische Geistlichkeit kann man keineswegs als typisch für schlesische Dorfgemeinden betrachten.

Ganz anders steht es mit der Besiedlungsgeschichte. Schmottseiffen grenzt an den Teil Niederschlesiens um Löwenberg – Goldberg mit der frühesten Kolonisation vorwiegend durch fränkische Siedler.

Zur vorchristlichen Geschichte gehören Funde der Bronze- und Früheisenzeit in der Umgebung. Eine in Ober Schmottseiffen gefundene Graburne sorgte für beträchtliches Aufsehen. Dieser Talgrund war schon sehr früh besiedelt, doch zugedeckt von geschichtlichem Dunkel, bis das Dorf Jahrtausende später erstmals urkundlich erwähnt wird. Im Mittelalter hieß es Smotinsyfin. Denn Herzog Heinrich II. hat kurz vor seinem Tod auf der Wahlstatt noch am 12. März 1241 die Stiftungen der Löwenberger Pfarrkirche urkundlich bestätigt und bestimmt, daß »zwischen dem Dorfe Smotinsyfin und der Stadt Lewenberg« keine weitere Mühle erbaut werden dürfe. So hielt man sich die Konkurrenz vom Leib.

Schmottseiffen ist ein Waldhufendorf, das in Niederschlesien neben dem Angerdorf und dem mittelalterlichen Straßendorf am häufigsten vorkommt. Waldhufendörfer finden sich über das ganze Vorgebirgsland und die Heidelandschaften im Norden verstreut, sie bedecken ziemlich große Flächen. Unser Dorf erstreckt sich acht Kilometer beiderseits der »Durfbaache«, dem Seiffen, seine Gemarkungsfläche entspricht 2405,6 ha.

»Seiffen« deutet auf Goldwäsche hin. Man wusch das Gold aus dem Sand in Fluß und Bach heraus. Auf frühmittelalterlichen Bergbau weisen Schmottseiffener Flurnamen wie Zeche und Warfe hin. Bei dem Gut Haus Nr. 468 führt noch heute vom »Bergknappenloch« ein Gang schräg in den Berg, ein weiterer befindet sich am Südrand des Warfen. Nicht zufällig genießt die Patronin der Bergleute, die heilige Barbara, in der kleinen Barbarakapelle auf dem Kirchberg allerhöchste Verehrung.

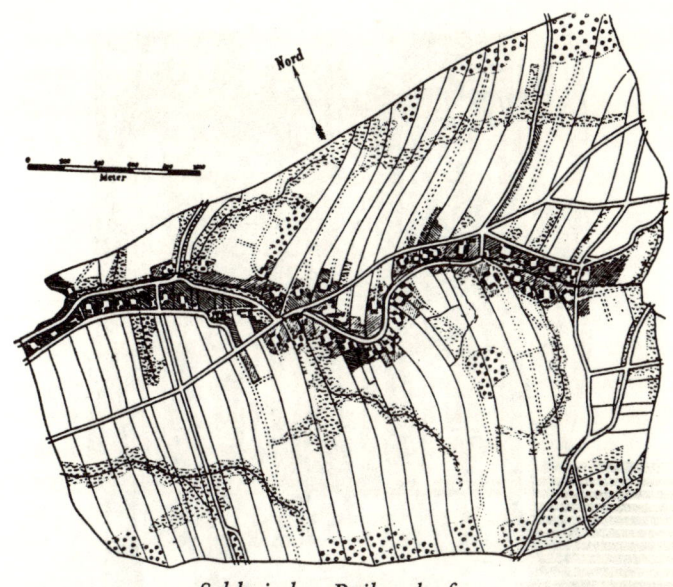

Schlesisches Reihendorf

Übrigens liegt Schmottseiffen nicht weit entfernt von der längsten Dorfzeile Schlesiens, die beim nahen Dorf Zobten am Bober unweit Löwenbergs beginnt und sich fünfzig Kilometer lang bis nach Haynau, Haus an Haus, Dorf an Dorf, im einst bevorzugten Siedlungsgebiet der fränkischen Waldhufendörfer hinzieht.

In den Städten herrschte Magdeburger oder Löwenberger Recht vor, in ländlichen Gebieten Schlesiens jedoch fränkisches und flämisches Recht. Das fränkische Element überwog und schlug sich in der Bauweise nieder. Nach fränkischem Recht weidete der Bauer sein Vieh auf dem Land seines geschlossenen Bauerngutes; flämisches dagegen gestattete ihm, sein Vieh auf der gemeinsamen Stoppelweide, die sich über die Gesamtflur des Dorfes verteilte, zu weiden.

Im fränkischen Ehe-Erbrecht stand der verbliebenen Witwe ein Drittel als Anspruch zu, gegenüber dem flämischen Recht war sie benachteiligt, denn hier hatte sie einen Anspruch auf die Hälfte des Besitzes. Der Sachsenspiegel, ältestes und

Wallfahrtskirche Grüssau, Kr. Landeshut

bedeutendstes deutsches Rechtsbuch, das der sächsische Ritter und Schöffe Eike von Repkow 1220–1235 verfaßte, gelangte etwa 1270 nach Schlesien und brachte einheitliches Recht. Schon zu Zeiten der Dorfgründungen waren die Rechtsverhältnisse bis ins kleinste geregelt. Man unterschied zwischen Kultur- und Rodungsland, wovon die Siedler eine fränkische Hufe (24,2 ha) erhielten. Je nach Schwierigkeitsgrad des zu bearbeitenden Bodens erhielten sie zehn oder sechzehn Freijahre; während dieser Zeit waren sie vom Grundzins an den Grundherrn und von der Abgabe des Zehnten befreit.

Nach Gerhard Stelzer hatten die Schmottseiffener Siedler ihren Besitz als freie Bauern mit Erbzinsrecht erhalten und waren zu Hufezins verpflichtet, den sie mit Geld oder Naturalien abgelten konnten. Die Grundherren besaßen im Ort Freigüter und Lehngüter, die sie durch Vögte verwalten ließen. Ihnen gehörten auch die Vorwerke, das sind der eigentlichen Ortschaft vorgelagerte Gutshöfe, in Schmottseiffen beispielsweise der »Strumpfgarten«. Sein Name soll auf die Schafhaltung und die Schafwolle als Grundlage der Strumpfherstellung zurückgehen.

»Scholz«, ein in Schlesien üblicher Familienname, fehlt auch hier nicht. Er ist ein lebender Hinweis auf die Tätigkeit des Dorfschulzen (Schultheiß). Der schlesische Scholze ging eigentlich auf die Besiedlung mit deutschen Bauern zurück. Er war Lokator und Werber, er teilte die Dorfflur ein. Dafür erhielt er eine doppelte Hufe und noch andere Vorteile wie Schank- und Mahlrecht. Der Dorfschulze war der erste Vorsteher des Dorfes, sein Gut hieß Scholtisei, das wie andere Höfe erblich war – deshalb auch Erbscholtisei genannt; er hatte zudem die Rechte der Bauern gegenüber der Grundherrschaft zu vertreten, mußte aber auch deren Forderungen einziehen, wie den Hufezins. Außerdem übte er die niedere Gerichtsbarkeit aus; deshalb hieß man ihn auch den Gerichtsscholzen. Er überwachte die Einhaltung gewerblicher Rechte, so Brau- und Mahlrecht, Fischerei- und Schmie-

F. G. Endler: Sommerhäuschen in Bethlehem bei Grüssau

derecht. Mit dem Schankrecht verband sich gewöhnlich das Gasthaus, der Kretscham; daher die Bezeichnung Gerichtskretscham. In anderen Gegenden nannte man den Dorfscholzen Erbrichter, seinen Hof Erbgericht.

Schmottseiffens erster Dorfscholze wird 1435 urkundlich bezeugt: »Petir Hertinranft, schultis von Smotenseyffen«; der letzte bekannte Dorfscholze, Johann Nepomuk Renner, wurde 1811 in dieses Amt berufen.

Das fränkische Bauernhaus, gewöhnlich ein schön gegliederter Fachwerkbau, bestimmt das Ortsbild. Oft ist es mit einem Vorbau, der Bühne, ausgestattet. Noch in der Neuzeit galt Schmottseiffen als Musterdorf für Fachwerk- und Bühnenbau; immerhin ließen sich noch 130 Häuser mit Holzlauben nachweisen, die bewohnt und bewirtschaftet waren. Die von Ort zu Ort verschiedenen Schornsteine aus genormten Sandsteinplatten (70 x 70 cm) waren mit einer für Schmottseiffen typischen Haube aus vier halbkreisförmigen Schalen versehen, die man auf den Schornsteinrand aufsetzte und mit einer schmückenden Kugel als Abschluß versah.

Der fränkische Bauernhof setzt sich aus drei Gebäuden zusammen: Wohnhaus, Stall und Scheune. Das Wohnhaus

F. G. Endler: Burgruine Lehnhaus

Alfred Matzker: Kirche in Reußendorf, Kr. Landeshut

betritt man von der Längsseite her. An der Straßenseite liegt die Wohnstube, weiter hinten sind Küche, Backofen und die Gesindestube, die den ersten Flur verbindet. Durch den anschließenden zweiten Flur gelangt man in die Stallungen, überwiegend den Kuhstall, der einen Ausgang in den Hof hat. Diese Stalltür ist in der Mitte unterteilt; bei schönem Wetter kann man sie oben öffnen, um frische Luft hereinzulassen. Im Obergeschoß liegen die verschiedenen Schlaf- und Gesindestuben, darüber befindet sich der Söller, den man häufig in einen oberen und unteren Getreideboden teilte. Dem Wohnhaus gegenüber steht ein weiterer Stallbau, an den sich Wagenremisen und Geräteschuppen anschließen; dahinter beginnt die Viehweide.

Beide Bauten verbindet die querstehende Scheune. Dort lagert das ungedroschene Getreide. Durch das große Tor in der Scheunenmitte fahren die hochbeladenen Erntewagen ein. Die Dreiseitenhöfe öffnen sich zur Straße hin; hinter dem

„ 's woar immer asu!" Gesamtschlesien

1. Wenn mer sunntichs ei de Kerche gihn, 's woar immer a=su, 's woar immer a=su, bleib mer irscht a=wing bem Krat=schn stiehn, 's woar immer a=su, a=su. Doo loon mer moncha guu=da Trup=pa ei in=se Kah=le nunder hup=pa; denn mer sein ju guu=de Kin=der, 's woar immer a=su, 's woar immer a=su; denn mer sein ju guu=de Kin=der, 's woar im=mer a=su, a=su.

2. Schimpft uns o derr Pforrer tichtig aus,
schloof mersch ei der Prädigt wieder aus.
Du lieber Goot machst olles gleiche,
du siehrscht uns ei dei Himmelreiche,
denn mer sein, ju deine Kinder...

3. Wenn de Urgel 's letzte Stickla spielt,
aalt und jung sich wieder durstig siehlt.
Zum Kratschm lenk mer ünse Schriete,
vielleicht kimmt der Pforr a bißla miete!
Denn mer sein ju seine Kinder...

4. Wenns uff heemzu ooch recht wocklich gieht—
weeß der Geier, wu is Köppla stieht.
Derheem' empfängt uns de Kolliene
mit enner sauersissa Miene;
„Na, ihr seid mer schiene Kinder!..."

mittleren Scheunenbau in entgegengesetzter Richtung schloß sich die sogenannte Streifenflur in Größe der einst zugeteilten fränkischen Hufe an, so daß ein durchschnittliches Schmottseiffener Bauerngut 90 preußische Morgen mit Wald und Hofgrundstück umfaßte. Im 17. und 18. Jahrhundert gehörten vierzig solcher Bauernhöfe zum Dorfbild, locker über die acht Kilometer Länge des Ortes verteilt, mit kleinen Häusler- und Gärtnerstellen dazwischen.

Die fränkischen Siedler und späteren Schmottseiffener Bauern bewirtschafteten ihre Güter bis 1945 in Dreifelderwirtschaft. In fester Reihenfolge wechselten sich bei der Bestellung Winterfeld, Sommerfeld und Brache ab. Für den Laien: Zuerst baute man Wintergetreide auf einem Feld an, ein Jahr später Sommergetreide. Im dritten Jahr mußte sich ein Feld »ausruhen« und blieb als Brache ein Wirtschaftsjahr lang liegen. Auf diese Weise haben sich die Bauern in Übereinstimmung mit der Natur jahrhundertelang das Geschenk ihrer fruchtbaren Äcker erhalten. Im 18. Jahrhundert folgte die verbesserte Dreifelderwirtschaft: Im dritten Jahr wurden Hack- und Futterfrüchte in die Erde gelegt, eine Folge der drei Schlesischen Kriege, in denen die Kartoffel in Schlesien ihren Einzug hielt.

Übrigens hatte Friedrich II. 1759, im Siebenjährigen Krieg, sein Lager in Schmottseiffen aufgeschlagen in der Absicht, den Österreichern den Weg nach Schlesien abzuschneiden. Sein Quartier befand sich auf dem Kalten Vorwerk, einer Anhöhe mit gutem Rundblick zwischen Görisseiffen und Mois; sie war berüchtigt wegen der dort herrschenden Winde.

Auch die Franzosenzeit ging nicht spurlos an Schmottseiffen vorüber. Die Eindringlinge schlugen 1813 beim Ort ein großes Lager auf, während Napoleon in Löwenberg weilte. Das Dorf mußte 345 Reichstaler, die Grundherrschaft 402 Reichstaler zahlen und 10 vierspännige Wagen stellen, dazu Getreide, Stroh, Lebensmittel und Webwaren. Von der anderen Seite her rückten die Preußen mit den verbündeten Russen an, die im Nehmen auch nicht schüchtern waren. Seitdem kennt man in den Zwickern Schmottseiffens Flurnamen wie Napoleonsfichte, Pferdewiese und Reitergrund. Die Hussiten hatten glücklicherweise dreihundert Jahre vorher vergessen, das Dorf auszuplündern und sind vorbeigezogen. Im Jahre 1487 entschied sich Schmottseiffens Zukunft für

Jahrhunderte: Ulrich von Liebenthal schenkte »Dorf und Gut Schmottinseiffen« für ewige Zeiten dem Benediktinerinnenkloster Liebenthal gegen die Verpflichtung, alle Tage unserer lieben Frau Messe zu singen. Schmottseiffen blieb – eine in Niederschlesien seltene Ausnahme – bis in unsere Tage ein durch und durch katholisches Dorf mit Bildstöcken in den Feldern und Fronleichnamskapellchen; seine Kirchenglocken blieben vor dem Einschmelzen bewahrt.

Durch die Verbindung des katholischen Glaubens mit der österreichischen Obrigkeit wurde es im 17. Jahrhundert vielen Bürgern erschwert, über die Stränge zu schlagen. Um Sonn- und Feiertage zu heiligen, war es den Gastwirten verboten, früh vor dem Gottesdienst Branntwein oder Bier auszuschenken. Die Jungfrauen sollten sich hüten vor »übermäßigem prächtigem Anschauen«, also Aussehen, und Senklein (Zopfbänder, Schleifen) um Haupt und Zöpfe waren ebenso untersagt wie den Männern »die langen Loden und Haarlocken«.

Liebenthal, Kr. Löwenberg

Im Kretscham

Andere Vorschriften schienen diesen strengen Regeln zu widersprechen: Bei Trauungen oder Taufen mußte man in einem der Gasthäuser einkehren. Sonst war man verpflichtet, an den Wirt eine Ablösung zu zahlen – der Bauer einen Taler, der Gärtner zehn Silbergroschen, der Häusler immerhin noch fünf Silbergroschen. Die geschäftstüchtige Äbtissin verlangte noch 1711 von den Liebenthalern, ihre Hochzeit in dem zum Stift gehörenden Kretscham zu feiern. Das Gastgewerbe hatte, würden wir heute sagen, eine gute »Lobby«.

Eine Schmottseiffener Braut bekam, wie beispielsweise die Tochter des Bauern Christoph Walter, als Aussteuer 15 Ellen Leinwand, ein Brauthemd, ein Tischtuch und ein Handtuch, dazu drei Tuchröcke mit »geblumter, viergedrehter (aus vierfachem Faden) Gestalt und eine Haube mit rothem Tuchfutter«.

Lebe wohl, du alte Zeit, als es noch sündhaft war, wenn Männer sich mit langen Loden und Haarlocken zeigten; wo ein Kretschambesuch sogar vorgeschrieben war. Das Branntweinverbot vor dem Kirchgang mag wohl Pate gestanden haben zu dem schlesischen Mundartlied, das »Menzel-Willem« so oft mit uns gesungen hat:

Wenn merr sunntichs ei die Kerche giehn,
's woar immer asu, 's woar immer asu,
bleib mer irscht awing beim Kratschen stiehn,
's woar immer asu, asu.
Doo loon mer moncha guuda Truppa
ei inse Kahle nunderhuppa;
denn mer sein ju guude Kinderla,
's woar immer asu, asu...

Siebenhundert Jahre lang war Schmottseiffen ein deutsches Gemeinwesen. Fränkische Bauern und obersächsische Bergleute haben die Wälder gerodet und in Ackerland verwandelt. Ihre Nachfahren ließen unter harter Arbeit blühende Bauerndörfer entstehen und legten den Wurzelgrund für den heimatverbundenen Menschen, der noch in weiter Fremde gesunde Früchte trägt wie ein starker Baum.

In zwei Schüben mußten die Bewohner »Schmuckseefa«, ihren geliebten Heimatort, verlassen: Ein Transport (6. Juli 1946) führte nach Südniedersachsen und ins Rheinland, ein anderer (7. Juni 1947) brachte die restlichen Schmottseiffener ins Brandenburgische.

Der junge Gerhard Stelzer hat den größten Teil seiner Jugend in sibirischen Weiten und Wintern verbringen müssen; doch in seinen Aufzeichnungen kehrt er immer wieder in das ferne Heimatdorf zurück:

> Der Nebel legt sich kühl und schwer
> Auf Flur und Tal hernieder.
> Im Garten stehen Bäume leer,
> Das Jahr reckt altgewordne Glieder.
>
> Das bunte Laub in feierlichem Reigen
> Den weiten Schoß der Erde füllt.
> Die Ahnung nach dem großen Schweigen
> Das Herz mit Wehmut ganz umhüllt.
>
> Verzweifelt irrt noch mancher Wille
> In Dämmerung und Einsamkeit.
> Wart ab, bald wird es stille –
> Noch tönt der Wildganz laut Geschrei.

In der Ferne erkennt der Bauernsohn aus Schmottseiffen: Wer gelernt hat, aus dem Reichtum seiner Seele zu schöpfen und es versteht, seinen Lebensinhalt aus zeitlosen Werten zu gestalten, braucht im Leben trotz schwerer Prüfungen nie zu verzagen.

GELIEBTE BUNZELTIPPEL

Der schlesische Mensch mit seinem gelegentlich kindlichen Gemüt besaß von jeher so manches »Herzepinkel« – eine Kleinigkeit ohne großen materiellen Wert, die er liebend in sein Herz schloß. Dazu gehörten die alten Bunzeltippel, gleichgültig, ob sie, sorgsam gehütet, beim Eigentümer die

Bauernhaus Nummer 66 in Waldau, Kr. Bunzlau

Zeiten überdauert haben, man sie mit Leidenschaft sammelt oder auf Pirschgängen über die Trödelmärkte unserer Tage entdeckt.

Neben edlem Prozellan mögen sich die buntgeschwämmelten oder mit Pfauenaugenmuster bemalten Bunzeltippel aus der Hand einfacher Töpfer wie Sperlinge neben einem Pfau vorkommen. Was will das schon besagen! Bunzlauer Tonzeug ist befrachtet mit Heimatliebe, mit Erinnerungen an eine ferne Kindheit, an ein Leben weit weg vom heutigen Wohlstand, als die Welt, wie man heute glaubt, noch in Ordnung war.

Etwas von dieser Ordnung vertreten die handgedrehten Tippel, Krügel, Schnauzeltippel, Schüsseln und Becher unserer schlesischen Töpfer aus Bunzlau und Tillendorf, aus Naumburg und Ullersdorf am Queis. Bunzlau nannte man die »Stadt des guten Tones«, obwohl Naumburg als die eigentliche Töpferstadt Niederschlesiens gelten muß. Beide wetteiferten einst miteinander um den größten Tontopf.

Den Anfang machte Bunzlau mit seinem Wahrzeichen, dem großen Topf: 1753 von Meister Joppe aus Muskau angefertigt, Höhe 2,15 m, mit zwei Henkeln. Seinen Sockel zierte die Inschrift: »Ein Topf von Ton gemacht hier ist, der 30 Scheffel Erbsen mißt.« Er stand zunächst an einer verkehrsreichen Stelle bei der Reinholdschen Töpferei; 1893 übersiedelte man ihn an die Teichpromenade. Hier mußte er dem wachsenden Verkehrsaufkommen erneut weichen und bekam 1909 seinen endgültigen Platz im Bunzlauer Heimatmuseum zugewiesen. Ein schützendes Drahtgeflecht, das früher so manches zersprungene Tontöpfchen aus Großmutters Zeiten zusammenhielt, umgab auch den großen Topf; denn als Napoleons Truppen hier waren, hatte er Sprünge bekommen. Leider hat ihn der Draht 1945 nicht vor der Zerstörung bewahrt.

Den großen Topf zu Naumburg schuf Meister A. Franke im Jahre 1853. Er faßte 3107 Liter, war 3,34 m hoch bei einem Umfang von 6,74 m und bedeckte eine Bodenfläche von 2 qm. Damit hatte Naumburg den Wettstreit gewonnen.

Bunzlauer Krüge

Eine Töpferzunft bestand in Bunzlau schon 1543. Sechs Jahre später arbeiteten in der Niedervorstadt bereits vier Töpfereien; deshalb hieß das Niedertor auch »Töppertor«. Naumburgs erste Töpferei entstand 1547; die dortige Töpferinnung zählte 1689 sechs Töpfermeister zu ihren Mitgliedern. Neue Techniken kamen auf. Allein in Naumburg stieg die Zahl der Brauntöpfereien bis 1894 auf 13; daneben gab es 6 Weißtöpfereien, 1882 sogar 25 Brauntöpfer mit 30 Brennöfen, die zusammengenommen wesentlich mehr Geschirr herstellten als die Bunzlauer.

In den Brauntöpfereien entstand typisches Bunzlauer Braunzeug wie große Kraut- und Gurkentöpfe, Schüsseln und Erntekrüge. Aus den Weißtöpfereien verließen unter den Händen begabter Frauen geschwämmelte oder mit anderen Mustern verzierte Töpferwaren die Stadt als eine auf vielen Märkten begehrte Handelsware. Um 1900 ging die Handtöpferei in Naumburg zurück, Industriewaren und andere Gewerbezweige traten an ihre Stelle.

Bunzlau hatte weniger Töpfereien als die Nachbarstadt. Dafür siedelten sich Anfang dieses Jahrhunderts drei kerami-

Bunzeltopp

sche Großbetriebe für Steinzeugröhren und Fabriken für Feinsteinzeug an. Großes Gewicht hatte in Fachkreisen die 1887 eröffnete Bunzlauer Keramische Fachschule. Christine Späth aus Naumburg, die uns eine Arbeit über die Töpferei in Schlesien hinterließ, war dort Schülerin. Aufgewachsen unter Naumburger Töpfern, wußte sie lebensnah von ihnen zu erzählen. Die Tradition der Bunzlauer Fachschule führte zum Teil die Keramikfachschule Höhr-Grenzhausen im »Kannebäckerland« (Westerwald) fort.

In Naumburg konnten die Protestanten nie recht Fuß fassen. Ihr Anteil an der Bevölkerung betrug kaum 10 v. H., denn Stadt und Zünfte waren von altersher mit dem Kloster der Magdalenerinnen verbunden. Die Handwerkerzünfte, später Innungen genannt, hatten ihre eigenen Messen; die der Töpfer wurde jeweils am Faschingsdienstag gehalten. Feiertäglich angetan mit Rock und Zylinder kamen sie zu ihrem Hochamt in die Stadtpfarrkirche, eine Sitte, die sich bis 1945 erhalten hatte. Am Ende dieses Schicksalsjahres gelobten die verbliebenen Töpfer Naumburgs, jedes Jahr um die gleiche Zeit eine Töpfermesse mit Tedeum halten zu lassen, falls sie in der Heimat bleiben könnten. Dazu bot sich ihnen keine Gelegenheit.

Wer kennt nicht den Kindervers:

> Ringel, Ringel, Rosenkranz,
> der Töpfer macht den Ofen ganz,
> gießt 'ne Kanne Wasser rein,
> plums – da fällt der Ofen ein.

Waren doch die Ofentöpfer hier zu Hause, ihre farbigen Ofenkacheln kamen in alle Häuser. In jeder Küche stand ein Kachelherd mit einer großen Kochplatte, einem Wasserschiff und meist zwei Back- und Bratröhren, von den gemütlichen Kachelöfen aus braunen, grünen oder blauen Kacheln in den Stuben ganz zu schweigen. Schmuckstücke waren die weißen, mit bunten Farben bemalten Kacheln. Anders als für Geschirr benötigte man für die Ofenkacheln den sogenannten weißen Ton, der dem Kaolin ähnelt; man gewann ihn in der Gegend von Tillendorf bei Bunzlau. Als Untergrund – sogenannter »Beguß-Ton« – für das beliebte Buntsteinzeug und die Bunzeltippel mit den Schwämmelmustern war er unentbehrlich.

Die im Bunzlau-Naumburger Raum vorkommende Tonerde hat besondere Eigenschaften; deshalb haben es die Nachfolger der niederschlesischen Töpfer schwer, neue Bunzlauer Geschirre nach alten Vorlagen zu schaffen. Den Bunzlauer Farb»ton« gibt es eben sonst nirgendwo.

Eine sehr alte Handelsstadt ist das bereits 1298 als Zollstätte urkundlich erwähnte Bunzlau, wo die berühmte Hohe Straße eine Furt und später eine Brücke über den Bober passierte. Die Kreuzherren mit dem doppelten weißen Kreuz errichteten hier am Boberufer 1232 das Hospital zum Hl. Geist, Einrichtungen, die, wie wir wissen, der Ansiedlung von Kolonisten aus westlich gelegenen deutschen und benachbarten Ländern vorausgingen. 1256 folgten die Kreuzherren mit dem roten Stern, die auf 50 flämischen Hufen die Stadt gründeten. Sieben Hufen davon gehörten dem Erbvogt. Flämische Hufen weisen auf flämische Tuchmacher hin, die sich in vielen Orten Niederschlesiens niederließen. Daneben bestimmten Kürschner und Schuhmacher die Wirtschaft der Stadt, ehe die Töpfer in den Vordergrund traten.

Wendelin Roßkopf, der Görlitzer Baumeister, hat in Bunzlau unter anderem die Ratswaage im Rathaus geschaffen. Einmalig dürfte die 1530 erbaute hölzerne Wasserleitung mit unterirdischen Schwemmkanälen sein, die vom Queckbrunnen in die Stadt führte. Dieser Brunnen lag beim »Spittel«, dem 1754 von dem Baumeister Gottfried Zahn errichteten Waisenhaus mit Schule. Ihm diente dafür eine in Halle an der Saale bestehende Einrichtung als Vorbild.

Schon vor 1393 hatte Bunzlau eine Lateinschule in der Nähe der Stadtpfarrkirche; sie hielt sich bis in den Dreißigjährigen Krieg hinein. Das »Spittel« ist 1803 verstaatlicht und 1816 mit dem zwei Jahre zuvor in Liegnitz gegründeten Lehrerseminar vereinigt worden. Ihm ging der Ruf einer der wichtigsten Lehrerbildungsstätten Schlesiens voraus. 1920 trat an gleicher Stelle eine Mittelschule, 1923 eine Aufbauschule und 1929 ein Gymnasium hinzu.

Nicht nur Bunzeltippel trugen den Namen der Stadt hinaus in die Welt, sondern auch die »Bunzlauer Singuhr«, Vorläuferin späterer Spieluhren mit Musik und einer Drehbühne, wo handgeschnitzte Figuren das Leiden Christi darstellten. Drei Jahre soll der Bunzlauer Uhrmacher Jacob dazu benötigt haben, dieses Kunstwerk zu schaffen, das man neben dem großen Topf des Meisters Hoppe im Heimatmuseum bewundern konnte.

Weniger bekannt ist das »Taubenhaus« aus Ton, eine Schöpfung des Meisters Josef Lachmann aus dem Jahre 1915. Töpfer betätigen sich neben dem notwendigen Broterwerb eben auch in ihrer Freizeit gerne künstlerisch.

Bunzlaus berühmtester Sohn, der am 23. 12. 1597 geborene Dichter Martin Opitz, hinterließ in seinem Werk das Buch mit den Regeln der »Deutschen Poeterey«. Mit 31 Jahren geadelt, durfte er sich fortan Martin Opitz von Boberfeld nennen.

Aus dem Jahre 1844, sozusagen der technischen Pionierzeit des letzten Jahrhunderts, stammt der 490 m lange Boberviadukt aus Bunzlauer Sandstein; mit fast dreißig Bogen überspannt er den Bober und angrenzende Talauen. Die Wasserkraft des Flusses nutzten die in Bunzlau ansässigen Großindustrien wie die Tonröhrenwerke, die schon 1871 mehr als 600 Arbeiter beschäftigten. Hinzu kamen Spinnereien, eine Papierfabrik, Steinmetzbetriebe und Glashütten; der Ausbildung des Nachwuchses diente die 1930 in Bunzlau eingerichtete Glasfachschule.

Die Töpferstadt Naumburg hatte eine ähnliche Entwicklung hinter sich. Herzog Heinrich I. ließ sie 1233 als »Nueburg« durch Vogt Themo an der Stelle anlegen, wo die Hohe Straße den Queis überqueren mußte. Diese Neugründung war Markt- und Gerichtsort für elf umliegende Dörfer, erhielt Löwenberger Recht und besaß eine Zollstelle. Im Mittelalter

F. B. Werner: Gnadenkirche in Freystadt

stand sie im Schatten Bunzlaus und mußte noch 1455 das Recht für Bier- und Salzmaße dort einholen. 1785 war der Bierausschank nur noch einigen Dörfern gestattet. Adelige und geistliche Grundherren wie die von Landskron (1318–1408) und von Rechenberg (1408–1491) waren dem Wohl der Stadt nicht immer förderlich; mit dem Magdalenerinnenkloster hingegen war Naumburg aufs engste verbunden.

Topfmärkte, die man auch Tippelmärkte nannte, waren früher in Verbindung mit Wochen- oder Jahrmärkten eine feste Einrichtung. Die braunen Einlegetöpfe für Sauerkraut, Gurken, Kürbis und Pökelfleisch mußte die Käuferschaft am dringlichsten erneuern. Danach kamen die Schmalz- und Fettöpfe an die Reihe und die kleineren »Krausen« zum Zubinden, wie sie Frau Droht aus Ullersdorf auf dem Breslauer Topfmarkt feilbot. Dagegen verkaufte die Töpferei Buchwald aus Naumburg die allerschönsten bunten Deckelkrüge, Schüsseln und Milchtippel; an ihnen konnte man sich nicht satt sehen. Die Kinder erhielten das heute wieder begehrte Puppengeschirr.

Bei der Betrachtung solcher Kostbarkeiten aus der »guten alten Zeit« vergessen wir nur zu gern, wie schwer das Tagewerk eines Töpfers und das Los der Frauen waren, die neben ihren Familienpflichten mit dem Tauchen der gebrannten Ware in die Glasuren oder dem Bemalen der Tippel in zugigen, kalten Schuppen und Räumen mit ewig nassen Füßen und nassen Schürzen etwas hinzuverdienten.

In den Notzeiten nach dem Ersten Weltkrieg mußte der Bunzlauer Ton sogar als Notgeld herhalten. Auf der Rückseite der Fünfzig-Pfennig-Münze aus rotem Ton von 1921 ist der große Topf abgebildet, auf dem 25-Pfennig-Stück ist eine Kaffeekanne mit Deckel zu sehen, und das 10-Pfennig-Stück zeigt auf der Rückseite eine Töpferscheibe.

Hält man ein altes Bunzeltippel in der Hand, lohnt es sich, über seine und der Töpfer Geschichte nachzudenken. Glanz und Elend liegen auch hier dicht beisammen.

SECHSSPÄNNER MIT GROSSER FRACHT

»Dem Fuhrwerk stehe Gott stets bey, dahs es vor Unfall sicher sey« – Segenssprüche dieser Art zieren alte Bilder mit hochbeladenen Frachtwagen, die fünf oder sechs starke Pferde zogen, wie sie einzeln oder in Karawanen über die mittelalterlichen Handelsstraßen Niederschlesiens rollten. Vor Jahrhunderten war das eine alltägliche Erscheinung, als das begehrte Garn und Leinen aus dem Queistal, hoch aufgetürmt und unter riesigen Planen verpackt, in aller Herren Länder ging.

Abgelenkt durch Gerhart Hauptmanns sozialkritisches Drama »De Waber«, das den Aufstand der schlesischen Weber vom 5.6.1844 zum Thema hat, vergißt man leicht die anderen Zentren des Leinen- und Garnhandels in Schlesien. Denn dieser weltweite Handel begründete vor dem Dreißigjährigen Krieg eine Zeit wirtschaftlicher Blüte.

Es lohnt sich, dem Text einer Flugschrift des Philipp Wilhelm von Hoernigk aus dem Jahre 1684 nachzugehen: »Österreich über alles, wenn es nur will, wie Böhmen, Schlesien und Mähren...es von Leinen- und Wollwerken gleichsam wimmelt, ist bekannt...« Wie kam es dazu?

Im 15. Jahrhundert erleichterte man im Erbfürstentum Jauer, zu dem das Isergebirge mit dem Queistal gehörte, die Ansiedlung niederländischer Weber, indem man sie vom Zunftzwang befreite. Bald darauf verschaffte sich schlesische Leinwand in ganz Deutschland und darüber hinaus einen hervorragenden Ruf. Sogar Erasmus von Rotterdam soll einmal in einem Brief an einen Freund geklagt haben, in seiner Herberge sei der Tisch grob, wie mit Segeln, aber nicht wie mit niederländischer oder schlesischer Leinwand gedeckt.

Das Queistal unterhalb der Iserberge wies standortmäßige Vorzüge für die Entwicklung eines Leinwand- und Garnzentrums auf. Zum Bleichen benötigte man viel Holz. Das lieferten die Wälder. Durch die Niederlassungen niederländischer Bandweber, Weber und Tuchmacher in den schlesi-

Großvater webt, Großmutter spinnt ...

schen Gebirgen unter Karl IV. von Luxemburg wurden die großen Wälder zersiedelt. Deshalb baten die Herzöge den Kaiser um Schutz für die Waldungen. Daraufhin erging ein Erlaß, die Wälder bei Hirschberg, Landeshut und Greiffenberg zu schonen und keine neuen Siedlungen für Weber anzulegen – eine Art »Umweltschutz im Mittelalter«.

Schon 1555 gab es lebhaften Leinenexport aus dem Isergebirge nach Holland. Das kalkarme Wasser des vom Hohen Iserkamm herabfließenden Queis bot sich für das Bleichen des Leinens an, und der Boden gestattete den Anbau von Flachs für die Leinenherstellung. Große Bleichen als lebenswichtiger Bestandteil des Leinengewerbes befanden sich bei

Greiffenberg; sie sind älter als die von Haarlem in den Niederlanden. Ohne die Waldungen der um Schonung bemühten Erbfürstentümer zu berühren, konnte man sie dort anlegen. Denn der Grundherr der Herrschaft Greiffenstein, Ritter Ulrich Schaffgotsch, erneuerte 1555 den Vertrag von 1411 mit der benachbarten Herrschaft auf Burg Tzschocha, betreffend das Uferrecht am Queis.

Die Burg liegt im damals böhmischen Teil des Tales auf einem Felsvorsprung und ist von drei Seiten mit Wasser umgeben. Danach durfte das zur Leinwandherstellung benötigte Holz von den Iserbergen herab bis zur Burg geflößt werden. Pferdefuhrwerke brachten es bis nach Greiffenberg zur Verwendung. Dort bildet das Queistal ein Dreieck zwischen Tafelfichte, Marklissa und Greiffenberg, das sich in der Mitte zwischen Nordböhmen, der Lausitz und Niederschlesien erstreckt; zu jener Zeit war der Queis Grenzfluß: eine freundschaftlich-nachbarliche Grenze.

Der Schustergeselle Joachim Girnth aus Hirschberg besuchte auf seiner Wanderschaft um 1500 auch Holland, um dort die Schleierweberei zu erlernen. Nach seiner Rückkehr unterwies er die Weberinnen in dieser Kunst, worauf in den folgenden Jahrhunderten das begehrte Schleierleinen aus Hirschberg, Schmiedeberg und anderen Riesengebirgsorten diesen Städten einen beträchtlichen Wohlstand brachte.

Die Blütezeit des Greiffenberger Garn- und Leinenhandels im 15. und 16. Jahrhundert verbindet sich mit dem Namen Matheus Roth aus Friedersdorf, geboren um 1524. Anders als bei adeligen Personen, deren Geburts- und Todestage auf Epitaphien festgehalten sind, rechnete man damals auch in Heuschreckenjahren. 1542 hatten diese Schwärme großer Heuschrecken Queistal und Isergebirge heimgesucht und alles kahlgefressen mit Hungersnöten im Gefolge.

Damals war Roth ein junger Mann, der auf Wanderschaft in deutschen Landen zu seinem Erstaunen feststellte, daß anderswo die Weber keineswegs so viel webten und viel weniger spannen als in seiner Isergebirgsheimat und dennoch am Handel mit Garnen und Fertigwaren gut verdienten.

Weberturm in Haynau

„Sieben Brüder" in Schömberg, Kr. Landeshut

Daraufhin knüpfte er enge Handelsbeziehungen mit den Niederlanden und anderen europäischen Staaten und verstand es, einheimische Leinwanderzeugnisse und Garne zu den begehrtesten auf deutschen Märkten, wie in Leipzig und anderen sächsischen Städten, werden zu lassen.

Roths Jugend fiel in die glücklichen Jahre der Regierungszeit des Ritters und Landeshauptmanns Ulrich Schaffgotsch von der nahen Burg Greiffenstein, der sich um den Garn- und Leinenhandel im Queistal verdient gemacht hat. Zunächst beginnt Roth, den dortigen Spinnern und Webern ihre Erzeugnisse abzukaufen und sie auf hochbeladenen Frachtwagen, gezogen von Vierer-, Fünfer- und Sechsergespannen, zu den inländischen Märkten über die Hohe Straße nach Sachsen mit Leipzig als Ziel, oder weiter nach Köln und Augsburg, in der anderen Richtung nach Breslau zu bringen. Den anfangs zitierten Segensspruch hatten die Frachtwagen bitter nötig. Überfälle waren nicht selten, Unwetter konnten Schaden anrichten, weshalb man Garne und Leinwand, oft in Tonnen unter riesigen Planen verpackt, ausführte. Bei Strekken über Hunderte Kilometer, oft bis an die Seehäfen in den Niederlanden oder ans Mittelmeer und die Adria – große Strecken für solche schweren Frachtwagen – bedurfte es immer wieder neuer Gespanne mit ausgeruhten Pferden.

Eine Episode aus dem Jahre 1554 beleuchtet das Können der Weber aus dem Queistal: Der Burggraf von Prag bestellte bei den Webern in Jauer 4 Dutzend Servietten, 4 lange Hand- und 4 lange Tischtücher, »in allerschönster und guter Gattung«! Die Jauerschen Weber hatten nur einfache Gewerke und Lohnweber, anders als die berühmten Weber von Greiffenberg. Da diese Stadt damals glücklicherweise auch zum Fürstentum Jauer gehörte, mögen die bestellten Waren ihren Weg in die Prager Burg wohl von dort aus genommen haben.

Der Leinen- und Garnhandel in Niederschlesien blühte durch Matheus Roth ein Vierteljahrhundert lang wie nie wieder in späterer Zeit. Roth ist ein Onkel des berühmten Naturarztes Caspar Schwenckfeld aus Greiffenberg, Sohn

Caspar Schwenckfeld

des Bürgermeisters Melchior Schwenckfeld, dessen und Matheus Roths Frau Schwestern waren.

Mit Greiffenberger Leinwand und Garnen beherrschte Matheus Roth die sächsischen Märkte, beschäftigte sogar in Leipzig Spinner und Weber und löste Sachsens Vormachtstellung ab. Die Schlesier durften nicht nur in Leipzig, sondern überall auf den Märkten schon drei Tage vor den Landeseigenen ihre Waren auflegen und öffentlich Markt halten, klagte man dort verbittert. Selbst in Böhmen, wo jetzt die Schlesier den Ton angaben, machte sich der Leinwand- und Garnwettbewerb bemerkbar.

Die stärksten Handelsbeziehungen bestanden mit den Niederlanden. Einzelheiten darüber sind im »Gemeente Archief« von Haarlem aus dem Jahre 1599 nachzulesen. Greiffenberg zog immer wieder Niederländer an, anfangs Weber, Tuchmacher und Bandweber, in späteren Jahrhunderten Garn- und Leinenhändler. Es strahlte bis nach England aus; 1453 hatte sich eine Familie Herford aus dem Bistum Canterbury hier

35

Burgruine Greiffenstein und Iserkamm

niedergelassen und die »Schölzerey von Gießhübel« erworben, aus London siedelten sich Humphry Tomkins, Thomas Johnson und Jacob Harley an. Mit den Handelsverbindungen gelangten neue Kunstauffassungen ins Queistal. »Nürnberger Kram« hieß das Zauberwort für Samt und Seide, Atlasstoffe, Brokate und Damaste, Gold- und Silberspitzen, Perlenbesätze und Zierat, die in die bürgerliche Mode und die landesübliche Tracht Eingang fanden. Nürnberger Kram machte alles schöner und kostbarer, Barthauben in unterschiedlichster Ausführung zierten die Trachten des Queistales und Isergebirges. Wein und Gewürze verbesserten den Speisezettel, Möbel und Hausrat bereicherten die Wohnung. Über die Hohe Straße fanden von Westen her Kunstgegenstände und Hausrat aus den Niederlanden ihren Weg. Und die niederländische Renaissance beeinflußte den zeitgenössischen Baustil.

Als Förderer des Greiffenberger Leinenhandels taten sich der Nürnberger Kaufmann Viatis und die Grafen Schaffgotsch hervor. Als sich jedoch ausländische Garnkaufleute, zumal in Liebenthal, oft mit Förderung des dortigen Klosters, niederließen und die begehrte Ware aufkauften, ausführten und oft mit Bestechungen den Adel auf ihre Seite zogen, begann ein erbitterter Garnkrieg zwischen Niederländern und ansässigen Greiffenbergern. Prozesse wegen Umgehung der Zollbestimmungen waren an der Tagesordnung. Mit dem Geld besaßen die ausländischen Kaufleute jedoch die besseren Trümpfe.

Man wandte sich an Kaiser, Fürsten und Herzöge; doch der Niedergang war nicht aufzuhalten. Zu allem Unglück suchte eine große Feuersbrunst Greiffenberg (1603) heim. Mit Bürgerfleiß und Geldern, die Kaufleute wie Matheus Roth zum Aufbau beisteuerten, erstand es neu. 1613 wütete die Pest, 1073 Personen, darunter 259 Leineweber, raffte sie hinweg. Mit Roth, ein an Katastrophen gebrochener alter Mann, stirbt der Leinenhandel. Ihm hatte nichts gefehlt, so heißt es, er wollte einfach nicht mehr essen und verschied am 14. Juli 1614. Die große Wirtschaftsblüte des Queistales ging damit vorerst zu Ende.

Schon warf der Dreißigjährige Krieg seine dunklen Schatten voraus. Als die Schlesier die Türkensteuer bezahlen sollten, übernahmen dies 1618 kurioserweise die Niederländer für sie und brachten 50 000 Gulden auf. 1634 wird das Queistal dem sächsischen Kurfürsten zugesprochen, Greiffenberg wird Grenzstadt. In der Landschaft an den Ausläufern des Isergebirges, nun kursächsischer Boden, werden Lauban und Marklissa Hauptorte der wieder aufblühenden Leinenindustrie. Eintragungen in Haarlemer und Antwerpener Notariatsarchiven von 1645 berichten, daß Holländer viele 100 000 Ellen schlesischer Leinwand an die Goldküste exportierten. Inzwischen hat Hirschberg 1630 vom Kaiser in Wien das Monopol für den Schleierhandel erhalten, allerdings seien nur »catolische Bürger von Hirschberg« berechtigt, Schleiergewebe auszuführen. Bedrohung und Verfolgung der Evangelischen zeichnen sich ab. Protestantische Spinner und Weber aus Böhmen werden angesiedelt, neue Weberdörfer entstehen um Lauban. Unter kursächsischer Herrschaft wurde der Leinenhandel gefördert. Der große Kurfürst läßt auf eigene

Kosten den »großen Graben«, den Mülroser Kanal bauen, – eine Pioniertat – auf dem Oderkähne von Breslau ihre Ware bis Berlin und später, auf Schuten umgeladen, bis nach Hamburg bringen können. 1666 ließ der Breslauer Leinenkaufherr Schmettau erstmals 28 Faß mit Garn, 4 Röthefässer und 1,5 t Wachs auf mehrere Oderkähne verladen und bis Berlin bringen. Der neue Wasserweg verkürzte die Strecken für die schweren Frachtwagen im Lande.
Übrigens: Das Liebenthaler Benediktinerjungfrauenkloster unter seinen geschäftstüchtigen Äbtissinnen zählte mit zu den eifrigsten Garnlieferanten. Liebenthal selbst erhielt schon 1649 einen Garn- und Leinenmarkt, desgleichen einen Taubenmarkt. Sein Leinwandhaus mit Lichthof und Arkaden und Sgraffitomalereien an den Fassaden der Kaufmannshäuser bezeugen den sichtbaren Aufschwung nach dem großen Brand von 1641.
In Frankreich als einzigem Land wurde bisher aus gebleichten Garnen sogenannte »weißgarnichte Leinwand« in feiner Ausführung erzeugt. Die Laubaner Weber versuchten sich mit Erfolg in dieser Kunst und fertigten im Nebengewerbe die verschiedensten Arten von Taschentüchern, die auf den Neujahrs-, Oster-, Michaelis- und Peter-Paul-Märkten reißenden Absatz fanden. Stolz behaupteten deshalb später die erfolgreichen Bürger: »Lauban wischt der Welt die Nase.«
Doch auch Greiffenberg fährt nicht schlecht. Seine neue Grenzlage hatte ihm eine »Grenzkirche« für die Protestanten in Niederwiesa beschert, also auf Lausitzer Seite. Hirschberger Protestanten kamen nicht nur zum Gottesdienst dorthin, sondern kauften auch Garne und Schleiergewebe, ähnlich wie die Holländer das Hirschberger und Liebenthaler Garn schätzten. So fanden die Greiffenberger ihr Auskommen, ohne selbst Handelsmittelpunkt zu sein.
Im Hirschberger und Greiffenberger »Damastkrieg« wollte Friedrich II. die Einrichtung von Damastwebereien nach sächsischem Muster im Riesen- und Isergebirge auf dem Befehlswege erzwingen. Die Leinen- und Schleierkaufherren sollten diese Projekte finanziell unterstützen – was sie ablehnten. Kaufleuten könne man nicht wie Soldaten befehlen, denn sie müßten sich nach ihren Absatzmöglichkeiten richten. Und darum stand es damals nicht zum besten. Trotzdem haben sich einige Damastwebereien mit neuen Materialien wie Halbseidenleinen bis in unsere Zeit gehalten.
Durch zollpolitische Maßnahmen, die eigentlich dem Leinenhandel helfen sollten, brach 1767 die größte Greiffenberger Leinenhandlung des Handelsherrn und Senators Samuel Hoffmann, Erbherr auf Alzenau und Tscheschkenau, zusammen. In der zweiten Hälfte des 19. Jahrhunderts wurde die Leinenstadt Greiffenberg Mittelpunkt industriell hergestellter Bekleidung. Allein die bis 1945 bestehenden Greiffwerke beschäftigten über 7000 Menschen aus der Umgebung.

Lauban, Am Markt

Im 19. Jahrhundert entwickelte sich die alte Leineweberstadt Lauban zum Zentrum deutscher Taschentuchweberei, deren Anfänge ins 17. Jahrhundert zurückgehen. Denn im 18. Jahrhundert brachte die Mode »Schnüffeltücher« unter die Leute. Während rote, türkisch gemusterte Ware ihren Weg in die Länder des Orients nahm, begannen die Laubaner Weber ihre schneeweiß gebleichten Taschentüchel mit Rändern aus roten türkischen Garnen zu verzieren.

Vollständig aus türkischen Garnen entstanden durchgehend rote Taschentücher, die wir, mit weißen Kanten oder kleinen Mustern versehen, bei den Männertrachten im Riesen- und Isergebirge wiederfinden. Das rote Schnupftüchel, auch Sacktüchel genannt, war wesentlich größer als ein gewöhnliches Taschentuch. Ärmere Männer trugen es auch, lose geknotet und mit flatternden Zipfeln unter dem weißen Hemdkragen, als Halstüchel zur Tracht. Das Sacktuch – eigentlich ein »Eibindetüchel« – mußte allerdings aus der Hosentasche hängen!

Schlesische Gastfreundschaft gebot, einem lieben Gast etwas auf den Weg mitzugeben: ein paar Streifel Kuchen, ein Stück vom Frischgeschlachteten oder geräucherten Speck. Dazu war das »Eibindetüchla« wie geschaffen. Oft mußte es einen Handkorb oder eine Tasche ersetzen. Auch Frauen oder Kinder zogen es bei Bedarf aus der Tasche. Dieser Brauch hat sich bei den schlesischen Trachten bis heute erhalten. Ein Spottvers sollte allzu geizige Gastgeber an das »Eigebinde« erinnern: »Nu, wenn ihr mir woas gahn wullt, kinnt ihr mersch joa oam Gelde gahn...«

Zwar gab es verschiedene Farben und Musterungen, doch die echten Laubaner Tüchel waren die roten. Zu den weißen aus gebleichter Leinwand mit rotem Rand, am Rand gestreiften oder mit Blumen verzierten kamen die beliebten karierten mit einfachen oder doppelten Würfeln. Später gesellten sich die blauen aus ungebleichtem Material und grüne, gelbe, ja sogar solche aus braunen Garnen hinzu. Alles war eine Frage des Zeitgeschmacks – der Mode.

Die Leinenveredelung mit Bleichen und Färbereien bekam Auftrieb in Lauban. Schon 1717 wird von sieben Färbereien und ebensovielen Mangelwerkstätten berichtet. Mit dem Naturfarbstoff Indigo brachten die Schönfärber als neue Variante den Blaudruck heraus. Anfänglich war der Blaudruck Sache der Handdrucker, bis auch im Queistal sich die Fabriken der alten Technik bedienten, die in unserem Jahrhundert der farbige Indanthrendruck ablöste.

Einer Oeconom-Encyklopädie von 1755 ist zu entnehmen: »Will der Färber blaue Leinwand mit Bildern verschönern, so muß er mit einer besonderen Masse aus Grünspan, weißer

Seidenleinen-Damastdecke, Frieden von Dresden 1745

Pfeifen-Erde, je ein Pfund, durch ein Sieb gestrichen mit einem halben Pfund Terpentinöl mischen zu einem festen Kitt. Die gleiche Menge Gummi muß er auflösen, alles mischen und dann die Bilder aufdrucken, die nach dem Blaufärben des Stoffes weiß erscheinen sollen.« Die Technik ist verwandt mit dem Kattundruck, der aus Ostindien über die Handelsstraßen an den Queis kam. Später stellten neu eingerichtete Baumwollwebereien auch in Niederschlesien Kattune her. Bleichanlagen und Appreturbetriebe entwickelten sich zu wichtigen Gewerben. Der Handelskammerbezirk Lauban-Greiffenberg zählte 1872 chemische Leinengarn-Bleichanstalten in Lauban (1), in Greiffenberg (2), in Alt Gebhardsdorf (1), in Beerberg (1) und in Röhrsdorf bei Friedeberg (1) mit einer Jahresproduktion gebleichten Garnes von 25 000 Zentnern. Altmodische Rasenbleichen dagegen arbeiteten noch in Lauban (5), Marklissa (1) und in der Umgebung Friedebergs (4); sie waren allerdings von der Witterung abhängig und konnten höchstens 4000–6000 Zentner Garn im Jahr bleichen.

Eine erhaltene Blaudruckdecke aus dem Jahre 1813 mit Spottbildern auf Napoleon aus dem Riesengebirgsmuseum in Hirschberg weist auf die Ereignisse hin, die die große Zeit des schlesischen Leinenhandels endgültig zum Erliegen brachten: die Räubereien und Zerstörungen der Soldaten Napoleons auf dem Wege nach und von Moskau und die Kontinentalsperre von 1806. Napoleon wollte damit die totale wirtschaftliche Blockade Englands erreichen. Schweden und die Türkei widersetzten sich; doch die anderen europäischen Länder unterwarfen sich der Sperre – damit war das Ende des überseeischen Leinenhandels für Schlesien gekommen. Die Not der Weber begann allerorten und gipfelte im Weberaufstand von Langenbielau.

Gerhart Hauptmann, großer schlesischer Dramatiker, 1912 mit dem Nobelpreis für Literatur ausgezeichnet, der zuletzt auf dem Wiesenstein in Agnetendorf lebte, hat das Weberdrama seinem Großvater, dem 1763 verstorbenen Auenhäusler Melchior Hauptmann aus Herischdorf zwischen Hirschberg und Bad Warmbrunn, und dem Urgroßvater, dem Weber Johann Gottlob Hauptmann aus Bad Warmbrunn, gewidmet und damit den schlesischen Webern ein Denkmal von Weltgeltung gesetzt, wie sie einst die Leinenerzeugnisse des Landes hatten.

Alfred Matzker: Katholische Kirche in Konradswaldau

RIESENBERG UND MITTAGSTEIN

Das Riesengebirge gehört, was die gegen Norden abfallende Seite angeht, zu Niederschlesien. Freund Rübezahl, seit Urzeiten auf beiden Seiten des Gebirges heimisch, ist den Schlesiern herzlich zugetan – und sie ihm. Über seine Herkunft weiß man ebensowenig wie über die Entstehung des Namens für das Gebirge; Sagenerzähler und Geschichtsschreiber streiten sich. Der Alte mit dem roten Bart, der in seinen über das ganze Gebirge verteilten Felsenburgen haust, ist voller Schalk! Ganz nach Belieben verwandelt er plötzlich

F. G. Endler: Die Riesenkoppe

die wabernden Nebel in hellen Sonnenschein; doch in die Freude über solch schönes Wetter wirft er ungeniert eine Handvoll Schnee, schickt in der Dämmerung den sagenhaften Nachtjäger mit sturmgepeitschten Rossen über die Kämme, derweil er in den Tälern geschützt liegende kleine Holzhäuser mit lautlos rieselndem Schnee liebkost. Das so wandelbare und launische Riesengebirge mit seinen gefürchteten Wetterstürzen sei nichts anderes als der Berggeist selbst, und dieser wiederum nur ein Spiegel des dem Schlesier eigenen Gemüts, heißt es.

Mit der riesenhaften Kraft des Berggeistes allein ist der Name des Gebirges nicht zu erklären. Auf böhmischer Seite schwört man darauf, der Name stamme vom »Riesen« des Holzes, das man auf Schwemmbächen talwärts zu den Erzbergwerken rieste, worauf sich die im 16. Jahrhundert ins Land geholten Schwazer Holzknechte ganz vortrefflich verstanden. Auf schlesischer Seite hält man es da schon eher mit der Deutung des Naturforschers Caspar Schwenckfeld (1563–1609), der nicht nur für seine Zeit erstaunliche Werke botanischer Art über das Riesengebirge sowie über Tiere und Fossilien hinterließ, sondern auch eine Beschreibung vom »Hirschbergischen warmen Bade«: »Der höchste aber fürnehmste Berg wird der Riesenberg genannt, nicht daß Riesen, wie etliche dafür halten, darunter gewohnt haben, sondern weil er als ein hoher Riese vor den anderen allen herfür raget und sich sehen lässet.«

Auch der 1494 im sächsischen Glauchau geborene Arzt, Mineraloge und Begründer der wissenschaftlichen Metallurgie, Georg Agricola, sprach in seinen wissenschaftlichen Arbeiten vom »Riseberg«. Damit sollten wir Heutigen es bewenden lassen, denn wider besseres Wissen um die Höhe der Alpenberge oder gar des Himalaja kommt einem bei einem Besuch der lieben alten Heimatlandschaft nur ein einziges Wort in den Sinn, wenn man aus dem Hirschberger Tal steilan einen geschlossen wirkenden Bergzug aufsteigen sieht: riesig! Ein Panorama von atemberaubender Schönheit, je nach Wetterlage fern oder nah, dunkel oder blau, das aus der Entfernung kaum etwas davon preisgibt, was sich inzwischen verändert hat: unser Riesengebirge.

Der Silberkamm trennt die Teufelswiese vom Lahnberg, wo in 1340 m Höhe die Mittagsteine oberhalb des Großen

F. G. Endler: Dreisteine im Riesengebirge

Teiches aufragen. Kläre Höhne (1890–1958), die Hirschberger Lyrikerin und Erzählerin, hinterließ uns in ihren Werken die Sage vom Mittagstein. Die Steine erhielten ihren Platz auf dem Gebirgskamm und ihr Amt als Sonnenuhr für die Leute im Tal, als die letzte Eiszeit zu Ende ging. Damals mußten sich die von der Sonne verjagten eisigen Riesen wieder in den hohen Norden zurückziehen. Geblieben war nur Eisvater Weigan, Weiser im Rate der Riesen, der schon grollend auf die Geräusche unter den Firnfeldern horchte, wo es rieselte, gluckste und rann, wo langsam die mächtigen Gletscher des Riesen- und Melzergrundes, der Teich- und Grubenränder zu Tale rutschten und er ständig an Macht verlor.

Schlimmer noch: Die Sonne hatte einen Verbündeten gefunden, einen ganz jungen starken Berggeist. Beide ermunterten die im Eis eingeschlossenen Samen, doch endlich zu keimen und zu wachsen. Ehe es sich der Eisriese versah, sprießten an den eisfreien Stellen Pflanzen, blühten die schönsten Blumen. Das erzürnte ihn gar sehr, ebenso wie der junge Berggeist, der sich überall und nirgends versteckte und weder mit riesigen Eisnadeln noch ebensolchen Flockenbällen zu schrecken war.

F. G. Endler: Schloß Nimmersatt bei Bolkenhain

F. G. Endler: Mittagstein im Riesengebirge

Man stelle sich vor: In seinem Revier, vor den Teichrändern, war ein grüner Garten entstanden! Ein Sonnengarten! Dem würde er schon den Garaus machen. Die an ihm gerühmte Weisheit hatte ihn verlassen. So sah sich der Eisvater nach einem gewaltigen Eisblock um. Den würde er in den Großen Teich werfen, damit das überlaufende Wasser das Sonnengärtlein für immer hinwegschwemmte. Vielleicht könnte er den neuen Berggeist in seinem Garten gleich mit ersäufen. Da es mit den Eisblöcken nicht mehr weit her war, suchte er sich einen passenden Felsblock, den er in der Nähe der Dreisteine beim Katzenschloß fand, unweit des Gartens, den er unter Wasser setzen wollte. Diesen Steinblock trug und rollte er abwechselnd weiter bis zum Kamm; dort wollte er ihn bis zum Teichrand befördern, um ihm dann einen Tritt zu versetzen...

Es kam anders. Weigan war viel älter geworden, als er wahrhaben wollte. Was er sich vorgenommen hatte, wäre für einen jungen Riesen gerade richtig gewesen. Immerhin, es gelang ihm, den riesigen Felsblock auf seine Schultern zu heben und ihn mühselig in die Höhe zu schleppen unter dem

F. G. Endler: Zuckerschale bei Schreiberhau

Hohn des Gelächters der drei Köpfe der Dreisteine, die ihm zusahen und ihm sogar eine bewegliche graue Steinzunge nachstreckten, aus denen später Wandersteine wurden wie der bei den Schneegruben. Dadurch angestachelt, brachte der Eisriese seine Last endlich doch noch auf den Kamm, kantete sie hoch und stemmte sich mit den Schultern dagegen, damit sie nicht vorzeitig abrutschen könne. Die Sonne verfing sich im eiszapfenähnlichen Bart und im Haupthaar des Alten, Wasser rann ihm über Eigensinn und Starrköpfigkeit. Unter der Last des Felsens sackte er schließlich zusammen, stürzte in viele kleine Isstückchen zermahlen hinab in den Großen Teich, dessen Wasser hoch aufspritzte.

Die Sonne stand im hohen Mittag und strahlte den vergeblich hinaufgetragenen Riesenstein an. Bis auf den Tag hat er seinen Platz auf dem Kamm des Riesengebirges behalten; die Menschen im Tal und die Hirten auf ihren Weiden wissen seitdem, wann Mittag ist.

In vielen Menschen hat das Riesengebirge schon von Kindheit an die Liebe zu Gesteinen und Mineralien geweckt; mit wachsender Reife entwickelte sich daraus Liebhaberei oder gar wissenschaftliches Interesse. Solche Leute bewegen sich immer wieder auf den Spuren des ehrenwerten Georg Agricola. Da gilt es, die ehemaligen Gletscherzonen und ihre Ränder zu beachten, die Kontaktzonen des einst feurigflüssigen Magmagesteins, Granits, Gneises und Glimmerschiefers bis hin zum Bober-Katzbach-Gebirge und seinen Einlagerungen mit Grün- und Tonschiefern. Der Grabenbruch zwischen beiden Gebirgen, der sich von Bolkenhain über Schönau nach Goldberg erstreckt, hat sich mit Erdabtragungen aufgefüllt und ist teilweise recht fruchtbares Ackerland geworden; er gehört deshalb zum frühesten Siedlungsgebiet des Landes.

Von der Schneekoppe aus sind die gestaffelt in die Tiefe gesunkenen Teile über Agnetendorf-Saalberg, Hain und die Baberhäuser sehr gut zu erkennen. Vom Johannisblick auf dem Kynast schweift das Auge zu einer geologischen Formation östlich des Baberkretschams, einer deutlich abgesunkenen Bruchstaffel des Gebirgsmassivs. Eine andere Staffelbruchlinie verläuft längs des Leiterweges zwischen Agnetendorf-Schreiberhau. Manche Bergkuppen sind in dieser Verschiebung als Härtlinge stehengeblieben. Dazu gehören die Kleine Sturmhaube (1436 m) und die markanten Falkenberge

F. G. Endler: Gipfel des Prudelsberges

bei Fischbach, Kreuzberg (654 m) und Forstberg (642 m). Die tiefste Stelle zwischen beiden Bergen ist ausgefüllt mit Ablagerungen aus der »Warmbrunner Aue«, in der das Blockmeer, ein Feld aus riesigen Gesteinstrümmern nahe bei Stonsdorf, zu den Merkwürdigkeiten des Gebirgsvorlandes gehört.

Ein weiteres Blockmeer, das durch Temperaturstürze entstand, welche die grobkörnigen Granitblöcke bersten ließen, breitet sich in der Nähe der Kleinen Sturmhaube aus. Wind und Wetter haben die großen Steine, eine bekannte Erscheinung im Gebirge, geformt; eigentlich sind es zu einem Felsengebilde übereinandergelegte Steinquader, die der Volksmund der ungewöhnlichen Formen wegen Wollsäcke nennt.

Die Wackelsteine hingegen hat eine Laune der Natur zurückgelassen: der Wackelstein beim Katzenschloß unweit der einstigen Schlingelbaude und die noch berühmtere Zuckerschale bei Niederschreiberhau. Jahrtausende haben diese Granitgebilde abgeschliffen; mit einer winzigen Fläche, oft so klein wie eine Menschenfaust, liegen sie auf der steinernen Unterlage auf – und kommen daher leicht ins Wackeln. Hier

F. G. Endler: Bolzenschloß

F. G. Endler: Hampelbaude

hängen die Sagen dem Rübezahl wieder einiges an, wie bei vielem, was sich der Mensch nicht erklären kann.

Zu den steinernen Naturwundern des Riesengebirges zählt der Wanderstein oberhalb der Schneegruben, ein riesiger Felsklotz, der bei der Schneeschmelze »zu wandern« beginnt. Er kommt zwar immer nur um ein winziges Stück voran; da seine Zeitrechnung dem kurzen Erdendasein eines Menschen spottet, wird er wohl eines Tages in einem fernen Jahrtausend in der Tiefe der Schneegrube verschwinden.

Felsentore und »Hohle Steine« sind bei Sandsteinformationen keine Seltenheit; im Granitgestein des Riesengebirges schon eher, wo sie sich beim Zerfall einheitlicher Quadermauern zu unregelmäßigen Blockhaufen bildeten. Das schönste auf diese Weise entstandene Felsentor ist bei Jannowitz zu finden: der Backofenstein im Minzetal zwischen dem Mariannenfels (716 m) und der Ruine des Bolzenschlosses. Andere hohle Steine stehen bei Giersdorf und an der Dreschnerkoppe bei Bärndorf. Gletschertöpfe und Opferkessel, die man in den Alpen Gletschermühlen nennt, sind nicht selten: Strudellöcher, an denen das Wasser täglich

43

Grete Schmedes: Im Bober-Katzbach-Gebirge

arbeitet wie im Bett der Großen Lomnitz oder in der Zackelklamm, wo die ausgestrudelten Felsen bedrohlich über dem Holzsteig in der Klamm hängen.

Zu den geologischen Merkwürdigkeiten gehören die Buschweibellöcher, kesselförmige Vertiefungen auf den obersten Steinen der Felshaufen, die durch Verwitterung ausgewaschen wurden; alle Sagen haben sie mit der heidnischen Vorzeit oder gar den Gottesdiensten der Buschprediger des 17. Jahrhunderts in Verbindung gebracht.

Mit den Sesselsteinen verhält es sich nicht anders. Hier kommt Rübezahl wieder ins Spiel; wer außer ihm würde wohl Steine als Sessel benützen? Zu ihnen gehört der Mannstein bei Hain, der sich bildete, als zwei Steine, auf deren Oberfläche Opferkessel ausgewaschen waren, abstürzten und so gegeneinander fielen, daß sie einem Sessel ähneln.

Eine Sonderstellung nimmt der Totenkopf bei Ober Giersdorf ein: Hier hat sich eine abgestürzte Granitplatte aufrecht gestellt; in ihr bildeten sich mehrere »Opferkessel«, die wie ein Relief wirken. Die Reihe ungewöhnlicher Felsbildungen auf den Staffelbruchlinien ließe sich fortsetzen. Wer heute offenen Auges die Landschaft erwandert, wird manche hier beschriebene Stelle wiederfinden.

Edle und halbedle Steine haben im frühen Mittelalter die mineralkundigen Walen und weniger fachkundige Glücksritter ins Riesengebirge gelockt. Ihre Schatzsuche erstreckte sich auch auf das angrenzende Isergebirge. Albrecht Eusebius Wenzel von Wallenstein, Herr auf Friedland, besaß eine große Sammlung edler Steine, die Walen für ihn zusammengetragen hatten: Amethyste, Rauch- und Rosenquarze, Granate, Turmaline, Achate, Jaspis und manche andere. Gibt es doch im Isergebirge eine Edelsteinwiese und im Riesengebirge den Granatfelsen!

Glimmerschiefer, mit Einlagerungen verschiedener Quarze und Muskowite, kommt in einer Mächtigkeit von 1000 Metern zwischen dem Forsthaus Rehorn bis zum Popelberg nördlich Kupferbergs vor. In Drusen, das sind Hohlräume, fanden sich glasglänzende Kristalle aus gelb- oder dunkelgrünem Epidot in chlorithaltigem Schiefergestein, was Sammlerherzen höher schlagen läßt.

Eine Fundstelle für Turmalin, dem schwarzgrün – ähnlich dem Flaschenglas – gefärbten Schmuckstein, war die »Schwarze Drehe« am Schmiedeberger Kamm; dort fand man auch Apatit aus gelb- bis blaugrünem Glasglanz und seltene, glasig-bernsteinfarbene Titankristalle in Vulkangestein. Doch auch Pyrit (Schwefelkies), der aus goldglänzenden Würfeln und Würfelchen besteht, im Volksmund als Katzengold bekannt, gesellte sich dazu und – Granate. Nicht ohne Grund nennt man ein Steingebilde zwischen Melzergrund und Eulengrund am Klausenrand unterhalb der Schwarzen Koppe Granatfelsen. Hanfkorngroß waren die meisten der gefundenen Granate; beim Luderfelsen in unmittelbarer Nähe hingegen soll man walnußgroße hell- und dunkelrote, zuweilen ins Braune spielende Granatkristalle gefunden haben; sie sind bis heute beliebtester Schmuckstein

an den Trachten der Riesengebirglerinnen. Granatketten, entweder mehrreihig mit einer Samtschleife gebunden oder von Goldschmieden aus winzigen Steinen zu einem Kunstwerk geformt, waren im ausgehenden Rokoko und der Biedermeierzeit Traum der Frauen Österreichs und seiner Nachbarstaaten. Die goldgefaßten Granate haben heute einen größeren Wert als die später in die Fassungen geklebten.
Nicht alle Mineralien sind als Schmucksteine anzusehen wie der blutrote Granat, wozu auch die grobstengeligen Hornblendesäulchen vom Luderfelsen gehören. Hier würde der Liebhabermineraloge eine ausgesprochene Seltenheit entdecken, dürfte er auf die Suche gehen: Strahlsteinschiefer. Ihm sagt man nach, er bilde sich im Erdinnern unter doppeltem Druck und doppelter Hitzeeinwirkung, wodurch diese Pressung zustandekommt. Wie konnte wohl unser Riesengebirge einen solchen Strahlstein in der Nähe des Eulengrundes hervorbringen? An der Fischbachquelle gab es ausgiebige Titanitvorkommen in Kalksilikatgestein; die Kalkformation der Schmiedeberger Bergfreiheit greift über die Landesgrenze hinüber nach Städtisch Hermsdorf; der Rothenzechauer Marmor ist nichts anderes als reiner Dolomitmarmor.
In Schmiedeberg kommt im Amphibolitgestein der ölgrüne Biotit vor, daneben Magnetit in großen Mengen, Titanit – und Topas! Sonst sind Topase selten im Quarzit eingeschlossen. Sie dürften die mittelalterlichen Edelsteinsucher beglückt haben. Topase gelten als Glückssteine für die Skorpiongeborenen und sind meist bernsteingelb bis bräunlich durchsichtig gefärbt. Die großen Magneteisenlager um Schmiedeberg, Grundlage des Erzbergbaues, durchzogen oft Gänge aus Schwefel- und Magnetkies; die Bergleute schätzten dies nicht, weil »unreine Erze« schwierig abzubauen und zu verhütten waren. Sammler würde dagegen heute ein solcher Fund begeistern. Auch nephritähnliche Vorkommen – dieser Stein ist dem Magnetit verwandt – ließen sich in Schmiedeberger Erzen nachweisen; Nephrit ist bei den Schlesiern als Schmuckstein beliebt. Wo Hornblende auftaucht, ist der Epidot nicht weit. Hier ist die Hornblende seltener schwarz, sondern vielmehr gelb- bis saftgrün, weder das eine noch das andere Mineral gehört der Sprödigkeit wegen zu den Schmucksteinen; sie lassen sich schlecht bearbeiten.

Im Granit bei Schmiedeberg eingelagerte Augengneise bergen Turmaline: farblos, blau oder rosa; oberhalb der Forstbauden sind dunkelgrüne anzutreffen. Blaue Turmaline sind als Steine für Fingerringe begehrt. Zwischen Eglitz und Jockelwasser oberhalb Schmiedebergs findet sich die in Gneisen seltene Einlagerung von Blauquarzen, eine Abwandlung neben Rosen- und Rauchquarzen, die allerdings im Riesengebirge nicht vorkommen. Unterhalb des Granatfelsens gab es im Eulengrund einen Versuchsstollen, aus dem Arsen- und Kupferkies, Pyrit und zinkblendehaltiges Gestein gefördert wurde; er war unergiebig und wurde aufgegeben.

Bei Rudelstadt in den Vorbergen an der Grenze zum Bober-Katzbach-Gebirge trennt eine geologische Verwerfung zwei

Evangelische Kirche in Warmbrunn

verschiedene Erzlagerstätten: Kupfer- und Schwefelkies bei Kupferberg und Bleierz in den Bleibergen. Den Liebhabermineralogen interessiert auf seinem Wanderweg eher das Geheimnis der Friesensteine auf dem Landeshuter Kamm: Rutilfunde mit ihren nadelfeinen Einschlüssen, glasklare Kristalle, durchsetzt mit dunklen Nadeln, wasserheller Zirkon – heute viel in der Schmuckbranche verwendet – und unauffälliger Apatit, weiter ein braunschwarzer Anatas, das Begleitmineral von Magnetit und Rutil in Gelb, Blau, Grün, sogar in Violett und Rot. Wen würde es nicht reizen, dort auf die Suche zu gehen?

Von den Friesensteinen ist es nicht weit in die Nachbarschaft, das Petzelsdorfer Grenzgebiet, wo der überaus seltene rosarote Granat vorkommt; das metamorphe Gestein dieses Gebirges, wie es in einem Umwandlungsprozeß durch Druck und hohe Temperaturen entsteht, bringt neue Mineralien in vielfältigen Erscheinungsbildern hervor. Sie gehören zu jenen Schätzen, die der sagenhafte Eisriese Weigan Rübezahl zum Hüten überlassen mußte.

Zu Schatzkammern des Riesen- und des Isergebirges gehören die Glashütten, ganz gleich, ob sie unbekannt blieben oder berühmt geworden sind wie die Josephinenhütte bei Oberschreiberhau im Grenzsattel beider Gebirge mit ihren kunstvollen Glaserzeugnissen. Im oberen Teil des Zackentales bestand lange vor der Josephinenhütte eine Glashütte. 1366 heißt es im Schweidnitz-Jauerschen Landbuch: »Sydill Molsteyn hat verkouffet alden Cunczen glaser die glasehutte in dem Schribirshau mit allem rechte. als er sy selbir gehabt hat und die do lyt in dem wichbilde zu Hirsberg. im syne erbin und nachkommen.«

Der damalige Holzreichtum des Gebirges gestattete einen großzügigen Umgang mit dem Holz, deshalb änderten die Glashütten mehrfach ihren Standort. Waren am bisherigen Platz die Holzvorräte erschöpft, brach man die Glashütte ab und baute sie dort wieder auf, wo sich genügend Holz fand. Zeitgenossen schildern die ersten Glashütten als Rauch speiende Untiere mit glühenden Augen und Schlund, die plötzlich aus den Wäldern auftauchen. Bereits in der Zeit der ersten Glashütten finden sich Hinweise auf die Walen, die legendären Gold- und Schatzsucher aus dem Welschen. Einer von ihnen soll Antonio von Medici gewesen sein; der von ihm verfaßte Pergamentband wurde in der Staatsbibliothek zu Breslau aufbewahrt. Von Glashütten schreibt er ähnlich verschlüsselt wie andere überlieferte Walenbücher von dem Weg zu den Goldschätzen.

Demnach müßte die erste schlesische Glashütte zwar im Zackental, jedoch bei Petersdorf gestanden haben. Das erste dort erzeugte Glas bezeichnete man als Waldglas. Allmählich breiteten sich die kleinen Glashütten über das ganze Zakkental aus, wie Scherbenfunde ergaben. Trotz seiner Einfachheit war Waldglas mit seiner leicht gelblich-grünlichen Färbung begehrt; die Glashüttenbesitzer ließen es durch reisende Handelsleute vertreiben.

Auch auf der böhmischen Seite des Gebirges waren Glashütten entstanden, die in engem Kontakt mit den schlesischen standen – gehörten doch Böhmen und Schlesien politisch zusammen. Glashütten arbeiteten in Grünwald, Friedrichs-

F. G. Endler: Ruinen auf dem Gröditzberg

wald, Nieder Rochlitz, Seifen- und Sahlenbach, Neuwelt und vor allem in Harrachsdorf; die Glasmacherfamilie Preußler unterhielt Hütten auf beiden Seiten der schlesisch-böhmischen Grenze. 1617 erhielt der Glasmacher Wolfgang Preußler vom Grafen Schaffgotsch, Grundherrn des Riesengebirges, die Erlaubnis, im Weißbachtal bei Oberschreiberhau eine Glashütte zu errichten. Der Graf gab den Boden dafür her, Wolfgang Preußler trug die Baukosten. Einem alten Reisehandbuch entnehmen wir, daß diese Glashütte siebenmal ihren Standort wechseln mußte.

Zu der einfachen Glasherstellung kam um 1650 die Glasveredelung hinzu, die in voller Blüte stand, als der Glaschneider Friedrich Winter 1685 auf dem Kynast seine Tätigkeit aufnahm. Die Kunden verlangten dekorierte Gläser; denn die mit dem kleinen Rädchen geschnittenen genügten ihnen bald nicht mehr. Vom Erfolg verwöhnt, soll sich Winter mehr im Warmbrunner Weinhaus aufgehalten haben als in der Werkstatt. Dennoch muß es ihm gelungen sein, tüchtige Fachleute als Glasschleifer und Graveure heranzubilden. Das geht aus Eintragungen im Taufregister von Bad Warmbrunn hervor, wo sich seit dem Jahre 1701 die Namen von Glasschneidern häufen.

Bald entbrannte ein regelrechter Glaskrieg um das Sonderprivileg, mit dem Leopold Christoph Graf Schaffgotsch dem Künstler Friedrich Winter als einzigem Glasschneider gestattet hatte, den Hochschnitt auszuüben. Wegen dieser Ungerechtigkeit waren die anderen Glasschneider nicht zu bewegen, in einer neuen, 1690 angelegten Schleifmühle in Petersdorf zu arbeiten.

Trotzdem entwickelte sich die Glasveredelung im Hirschberger Tal weiter: Kristallklar funkelnde Gläser mit den zierlichsten Ornamenten der Rokokozeit, Deckelpokale und Ziergläser edelster Ausführung verließen zum höheren Ruhm der schlesischen Glasindustrie die Glashütten. Die aus dem 17. Jahrhundert herübergeretteten Kunstwerke sprechen eine deutliche Sprache. Heute sind welche im Londoner Victoria-and-Albert-Museum zu bewundern, ausgezeichnet mit dem Täfelchen »About 1700, Silesian, Hirschberger Tal.«

Gebirgsbaude

Ihren höchsten Stand hatte die Glaskunst im Riesengebirge erreicht, als die ersten beiden Schlesischen Kriege die gläsernen Träume der berühmt gewordenen Hütten in Schreiberhau und Harrachsdorf zerstörten. Fortan trennte sie eine neue Grenze. Die Arbeiter durften sich nicht mehr ungehindert von einem Ort zum anderen bewegen, Zölle legten die Wirtschaft lahm, Zwangsversteigerungen vernichteten Existenzen. Während die Glashütten auf der böhmischen Seite durch die Heranbildung künstlerischer Mitarbeiter neue Muster schufen und ihre Erzeugnisse Weltruf erlangten, förderte auf schlesischer Seite Leopold Graf Schaffgotsch die Glasmacher nur halbherzig.

1841 wird zum Schicksalsjahr für die Josephinenhütte: Franz Pohl, weitgereister Künstler des Glases, kehrte in seine Riesengebirgsheimat zurück und erbaute oberhalb Schreiberhaus die Josephinenhütte. Deren Glaserzeugnisse gingen hinaus in alle Welt und gaben Kunde von der hohen Kunst schlesischer Glasschneider, die in ihr und in anderen Hütten und Glasveredelungsbetrieben, einschließlich der kleinen Familienbetriebe im Gebirge, wirkten.

F. G. Endler: Stonsdorf

In unserem Jahrhundert brauste wieder ein vernichtender Krieg über das Land; die Grenzen haben sich seither nicht wieder geöffnet. So blieb der lebhafte Austausch von Glaskünstlern und Glasbläsern in der glückhaften zweiten Hälfte des 17. Jahrhunderts als ferne, in den kunstvollen Gläsern jener Zeit eingefangene Erinnerung erhalten. Die Josephinenhütte befand sich bis 1945 im Besitz der Grafen Schaffgotsch; heute nennt sie sich »Huta Julia«. Doch ihre Glasmachertradition lebt in Schwäbisch Gmünd und anderen Orten Westdeutschlands weiter.

Glas – das ist wie funkelnder Edelstein aus den tiefen Wäldern des Riesengebirges, Teil jener bereits entdeckten riesigen Schatzkammer, deren noch verborgene Kostbarkeiten bis heute Rübezahl hütet.

RUND UM DIE RITTERAKADEMIE

Gleichgültig, ob man die noch erhaltenen oder restaurierten historischen Bauten oder die Außenbezirke der einstigen Gartenstadt Liegnitz betrachtet, die heute wie früher Sitz der Bezirksregierung ist, der Eindruck ist günstig. Dadurch versöhnt es die nach Jahrzehnten in der Fremde für wenige Tage Heimgekehrten mit dem allgegenwärtigen Verfall in Orten, wo man ihn eigentlich nicht vermutet.

In der Liegnitzer Altstadt ragt das Piastenschloß aus dem 13. Jahrhundert auf, das unter Heinrich I. zunächst als Holzbau entstand, aber bald durch massives Mauersteinwerk ersetzt wurde. Mit zwei wuchtigen Türmen – St. Hedwig und St. Peter – beherrscht es das Bild der Innenstadt. Achteckig gemauert, ruhen sie auf den unteren Turmteilen, die noch aus der Zeit Herzog Heinrichs I. stammen.

Als 1945 das Schloß völlig ausbrannte, bot der Neuaufbau die Möglichkeit, bei Ausgrabungen nach älteren Bauteilen zu suchen. Dabei entdeckte man frühmittelalterliche Mauerreste, die man beim Wiederaufbau unter Weglassung späterer neugotischer Veränderungen berücksichtigte. Heute dient das Schloß verschiedenen Bestimmungen; selbst eine Diskothek für die Jugend befindet sich im Kellergeschoß. Trotz des Festhaltens am ganz Alten ist es kein Ort für einen altmodischen Schloßgeist.

Träger klangvoller Namen gehörten zum Liegnitzer Hofleben, wie Hans von Schweinichen (1552–1616). Er war unter den Herzögen von Liegnitz Hofmarschall und wurde weithin bekannt durch die Herausgabe seines »Memorialbuches«. Die Nachwelt verdankt dem edlen Ritter nicht zuletzt auch die an Wortbildern reiche Schilderung des Lebens (1574) am Liegnitzer Hof: »Auf den Abend machten Ihro Fürstliche Gnaden ein Banket und nach Tische hielten sie einen Tanz, welcher die ganze Nacht währet. Die Musika war lieblichen, der Wein gut, die Jungfrauen schön und die Gesellschaft vertraulichen, vornehmlichen aber der Herr mit lustig. Darum war kein Trauren noch Kummer, sondern lauter Freude und Wonne. Wann ich diese Zeit vom Himmel auf die Erde fallen sollen, wär ich nirgend als gen Liegnitz gefallen, ins Frauenzimmer, denn da war täglichen Freude und Lust mit Reiten, Ringrennen, Musika, Tanzen sonsten Kurzweil, welches den jungen Leuten, als auch ich einer war, wohlge-

fiel, und hätte mich zu solchem Wesen wollen kaufen, geschweige denn, daß ich dazu bin gebeten worden.«
Als Gegenpol erhebt sich unweit davon die Oberkirche, so nannte man die spätere Peter-und-Paul-Kirche. Nach einem Stadtbrand entstand sie in den Jahren 1327–1378 neu als hohe gotische Hallenkirche, in der die Sarkophage Herzog Wenzels I. von Liegnitz († 1364) und seiner Gemahlin Anna († 1367) ihren Platz haben. Staunend steht man vor den Grabmälern, die unbeschadet die Katastrophen aller seither verstrichenen Jahrhunderte überdauerten.
Das gilt auch für das ungewöhnliche Epitaph der Liegnitzer Patrizierfamilie Langner, deren Oberhaupt Hieronymus bereits 1580 das Zeitliche segnete. Oberhalb der Inschriften und vor dem sehenswerten Relief ist der Verstorbene mit seiner kniend betenden Familie figürlich in Stein gemeißelt. Damit schuf der unbekannte Künstler ein Zeitdokument der Handelsstadt Liegnitz. Auf den einstigen Reichtum weist das bronzene, außen versilberte Taufbecken der Peter-und-Paul-Kirche hin.
Rührend die frischen Blumen am Fußende der Sarkophage des fürstlichen Paares, erwecken sie doch den Eindruck, die Zeit sei stehengeblieben. Ob die Putzfrau sie hinstellte? Schon mit dem Eimer in der Hand und zum Gehen gewandt, schaltete sie das Licht noch einmal ein: Inschriften lassen sich bei Licht besser lesen, und ein silbernes Taufbecken glänzt noch schöner. Ob diese Frau schon immer hier gelebt hat?
Ganz in der Nähe, im ehemaligen Wallbereich, wurde Anfang dieses Jahrhunderts ein neues Rathaus im Renaissancestil errichtet, das jedoch vor der barocken Pracht des alten Rathauses am Ende einer neugestalteten Zeile von Markthäusern verblaßt. Von beiden Seiten des Bauwerks schwingt sich eine Freitreppe zum Eingang hin, ein in Schlesien seltener Anblick; im nahen Sachsen findet man solche Freitreppen häufiger.
Das älteste Rathaus stammte aus dem 14. Jahrhundert und sollte vor Ausbruch der Schlesischen Kriege durch ein neues ersetzt werden. Den Auftrag dazu hatte Meister Michael Scheerhofer erhalten; er ließ viel Barock nach österreichischem Vorbild in seinen Entwurf einfließen. Mit dem Bau wurde 1737 begonnen, doch der einsetzenden Schlesischen Kriege wegen konnte er nicht vollendet werden; so erhielt das Rathaus seinen Turmhelm erst 1929.

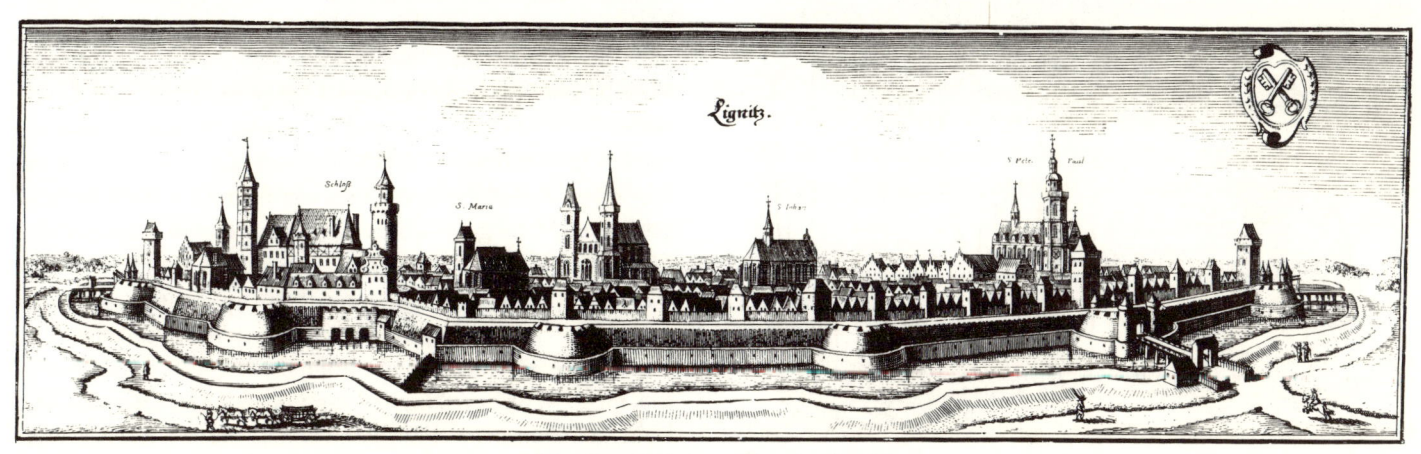

Matthäus Merian: Liegnitz (1650)

Unweit des alten Rathauses lassen sich die »Heringsbuden« – schmale mittelalterliche Handelshäuser mit Sgraffiti an den Giebeln und wiederentdeckten Laubengängen – bewundern. Dieses romantische Bild stört der dahinter aufstrebende kompakte Theaterbau. Glücklicherweise beeinträchtigt er nicht den »Wachtelkorb«, jenen berühmt gewordenen Erker an einem großen Stadthaus mit seiner eindrucksvollen, über und über mit Sgraffiti bedeckten Seitenfront.

Die Königliche Ritterakademie liegt gegenüber der katholischen Stadtpfarrkirche, auch nicht weit entfernt vom alten Rathaus. Sie gehört zu den bedeutendsten Barockbauten Schlesiens und wird der Baumeisterfamilie Dientzenhofer zugeschrieben.

In der Verlängerung dieser Straße grüßt der wuchtige Petersturm des Schlosses. Alle Sehenswürdigkeiten dieser Kunststadt liegen nahe beieinander. Den Liegnitzer Jesuiten wurden nach 1675 ein Kloster und eine Pfarrkirche zugesprochen: die St. Johanniskirche gegenüber der Akademie. Sie befindet sich (Bild 123) in allerbestem Zustand und dient als Garnisonkirche.

Die Mutter Herzog Georg Wilhelms, der fünfzehnjährig verstarb, ließ 1677 die prächtige, gut erhaltene Fürstengruft im Chor der Johanniskirche erbauen. Bei diesem Vorhaben beriet sie der Barockdichter Casper von Lohenstein. Carlo Rossi entwarf die Gruft nach den Vorstellungen des Dichters. So entstand ein Achteck mit Nischen für die Sarkophage der letzten Piasten. Unser Bild 125 versucht etwas von der Schönheit dieser Fürstengruft einzufangen, deren Erbauung in die Blütezeit des von Österreich her beeinflußten Barocks in Schlesien fällt. Auf unserer Sommerreise war uns dieser Einblick wegen Ausbesserungsarbeiten verwehrt.

Der Gebäudekomplex der Ritterakademie war ebenfalls mit Baugerüsten umgeben, eine Besichtigung deshalb unmöglich. Restaurierungen, zumal jenseits der Oder-Neiße-Linie, sind nicht zuletzt eine Material- und Kostenfrage und sehr zeitaufwendig. So ist die Hoffnung tröstlich, daß dieses einmalige historische Gebäude mit der gleichen Sorgfalt wieder hergerichtet wird wie die katholische Kirche gegenüber.

Die Stiftung der Königlichen Ritterakademie, wie sie später hieß, geht auf einen der letzten Piasten zurück: Georg Rudolf, Herzog in Schlesien zu Liegnitz, Brieg und Goldberg, 1595 als zweitältester Sohn des Herzogs Joachim Friedrich von Brieg und Wohlau und der Prinzessin Anna Maria von Anhalt geboren. Ihm sagt man nach, ein edler und gebildeter Mann gewesen zu sein. Nach dem frühen Tod der Eltern wurden die Brüder von ihrem Vormund, Herzog Karl II. von Münsterberg-Oels, erzogen und teilten sich nach erreichter Volljährigkeit (1612) das hinterlassene Erbe.

Herzog Georg Rudolf war nun Herrscher über den Besitz in Liegnitz, Wohlau, Haynau und Goldberg; Steinau und Lüben zählten dazu. Für diese Gebiete brach eine segensreiche Zeit an. Über zwanzig Jahre lang war dieser Herrscher

Ostersinger

Oberlandeshauptmann und Oberamtsverwalter in Ober- und Niederschlesien. Mit Geschick verstand er es, sich im Dreißigjährigen Krieg zum Wohle der Bevölkerung so gut wie möglich neutral zu verhalten. Wie die anderen Liegnitzer Piasten war er ein eifriger Anhänger des Luthertums. Zeitweise liebäugelte er mit dem Calvinismus, was wohl seiner Frau zuzuschreiben war. Denn 1616, zwei Jahre vor Ausbruch des langen Krieges, nahm er bei der Vermählung mit seiner Gemahlin, der Prinzessin reformierten Bekenntnisses Sophie Elisabeth von Anhalt-Dessau, auch deren Glauben an. Nur sieben Jahre später starb sie.

Der fürstliche Witwer entließ nun die an den Hof geholten reformierten Prediger und wurde wieder Lutheraner. Vereinsamt begann er, sich einem geistlichen Leben zuzuwenden. Seinen Wohnsitz verlegte er nach Breslau, weil es ihn kränkte, daß er trotz seiner Neutralität in Liegnitz die kaiserliche Garnison aufnehmen mußte. Übrigens: Liegnitz ist auch heute Garnisonstadt.

Die Regierungszeit Georg Rudolfs hatte Wohlstand und Kultur hervorgebracht, als deren Ausdruck die wertvolle »Bibliotheca Rudolphina« mit vielseitiger Literatur aus dem Bereich von Theologie, Musik und Botanik anzusehen ist. Damals verbreiteten sich die Lehren des 1563 in Greiffenberg geborenen Arztes und Naturforschers Caspar Schwenckfeld weit über Schlesien hinaus. Auch Georg Rudolf befaßte sich in seiner Zurückgezogenheit mit der botanischen Wissenschaft, wie seine Bibliothek beweist. Die Ehe mit Sophie Elisabeth war kinderlos geblieben; dennoch hatte er beschlossen, seinen Teil zu einer guten Bildung der Kinder und jungen Menschen beizutragen. Dabei hatte er das Goldberger Gymnasium mit Internat vor Augen, wie es der richtungweisende schlesische Schulmann, Valentin von Trotzendorf, 1540 als humanistische Lehranstalt eingerichtet hatte. Wegen eines verheerenden Stadtbrandes und der in Goldberg grassierenden Pest mußte man die dortige Schule auflösen und verlegte sie nach Liegnitz.

Alte Pforte in Lüben (1745)

Aus seinem Vermögen rief der Herzog eine Stiftung ins Leben, damit die evangelische Johanniskirche in ihrer Eigenschaft als Hofkirche in den dazugehörigen Schulen ihren Unterricht weiter voranbringen könnte. Arm und reich sollten dort ohne Ansehen der Person in den üblichen Unterrichtsfächern, zusätzlich jedoch unentgeltlich in Latein und Griechisch unterrichtet werden.

Am 28. April 1646, noch während des Dreißigjährigen Krieges, wurde in Liegnitz das fürstliche Johannisstift gegründet »allein zu Lob und Ehren des höchsten allgewaltigen Gottes, zur Ausbreitung seines göttlichen Wortes und zur Erhaltung seiner christlichen evangelischen Kirchen und Schulen...« Außer dem Stiftungsvermögen von 9704 schlesischen Talern und 10 Hellern sind in der Stiftungsurkunde noch alle Einkünfte einschließlich Zinsen aufgeführt, die fortan der Stiftung zufließen sollten. In den Nachträgen finden sich Einkünfte aus herzoglichen, erbeigenen oder hinzugekauften Gütern wie Rosenau an der Katzbach in der Nähe von Neukirch.

In den Verträgen ließ der Stifter vermerken: »Mit dem Fluche wird bedroht, wer diese Stiftung im geringsten schwächt, ändert oder gar abtut – daß dem ›der göttlichen Allmacht Rache zur zeitlichen Strafe angerufen wird‹«. Niedergeschrieben am 5. Januar 1653.

Sommersinger mit Schmackoster

Nur neun Tage später verstarb dieser hochherzige Mann und bedeutende Piastenherzog. Sein Leichnam ist in der St. Johanniskirche zu Liegnitz beigesetzt worden, wo er noch im Tode seinem Lebenswerk nahe blieb: einer streng-lutherischen höheren Schule ohne Schulgeld. Georg II. (1547–1586), sein Großvater, hatte 1564 in Brieg ein ähnliches Gymnasium gegründet, das aus dem St. Hedwigsstift hervorgegangen war.

Nichts währt ewig. Zum Glück sind dem Stifter die nachfolgenden Veränderungen erspart geblieben. War er doch in dem Glauben gestorben, seine Stiftsschule – wo Magister Martin Rothmann 64 Schüler in dem vom Stifter gewünschten Sinne unterrichtete – würde sich bis hin zur Universität weiterentwickeln.

Nach dem Ableben des kinderlosen Herzogs fielen seine Ländereien den drei Neffen zu. Liegnitz ging durch Losentscheid an Ludwig IV., der zu der Überzeugung kam, eine durch den langen Krieg geschwächte Stadt könne sich keine zwei Schulen leisten. Infolgedessen veranlaßte er alsbald die Vereinigung der seit 1309 bestehenden höheren Stadtschule zu St. Peter und Paul mit der St. Johannis-Stiftsschule, ohne deren lutherischen Charakter zu verändern.

Die beginnende österreichische Herrschaft und die das Land erfassende Gegenreformation, wo allein in den Jahren 1653/54 den Lutheranern in den alten Erbfürstentümern 656 Kirchen weggenommen und als Ersatz die drei Friedenskirchen von Glogau, Jauer und Schweidnitz zugebilligt wurden, waren einer lutherischen Bildungsanstalt nicht günstig. Auf Anordnung des Kaisers in Wien durften die Planstellen der im evangelischen Glauben unterrichtenden Lehrer und Pfarrer nach deren Ausscheiden nicht mehr neu besetzt werden. Auf diese Weise mußten sogar Kirchendiener freigewordene Lehrerstellen versehen. Das »planmäßig« verwaiste Stift schloß 1698 seine Pforten.

In den Friedenszeiten nach dem Dreißigjährigen Krieg wuchs das Einkommen aus Gütern und Zinsen, die Georg Rudolf in die Stiftung eingebracht hatte. Das Johannisstift hatte allerdings zu bestehen aufgehört und verbrauchte daher keine Geldmittel. Aufgrund der Stiftungsurkunde konnte aber der österreichische Staat das Vermögen nicht einziehen. Das Domkapitel zu Breslau und andere geistliche Korporationen bemühten sich, an das Stiftungskapital heranzukommen. Deren Fürsprecher, der neue Liegnitzer Landeshauptmann Zierowska von Zierowa, unterbreitete den nicht ganz uneigennützigen Vorschlag, den Jesuiten die St. Johanniskirche zu schenken, das Stiftungsvermögen aber für die neu zu errichtende jesuitisch-katholische Ritterakademie zu verwenden; dann müßte der Adel seine Söhne nicht mehr auf Schulen außerhalb des Landes schicken.

Kaiser Leopold I. wies die Ansprüche des Domkapitels zurück. Der Vorschlag des Liegnitzer Landeshauptmanns allerdings wurde zum Teil berücksichtigt: Der Kaiser behielt das Stiftungsvermögen und die große Bibliotheca Rudolphina; den Jesuiten jedoch überließ er die St. Johanniskirche. Inzwischen zog Karl XII., der Schwedenkönig, siegend durch Sachsen und Schlesien, von der dortigen Bevölkerung als Befreier und Retter ihres protestantischen Glaubens gefeiert. In der Gunst der Gläubigen stand er über Friedrich II. von Preußen. Auf Betreiben Karls kam am 1. September 1707 die Altranstädter Konvention zustande: In den Fürstentümern Liegnitz, Brieg, Wohlau und Oels erhielten die Evangelischen 121 Kirchen zurück; zu den drei bestehenden Friedenskirchen wurden noch sechs neue Gnadenkirchen bewilligt.

Eigentlich hätten die Jesuiten auch die Liegnitzer St. Johanniskirche an die Evangelischen zurückgeben müssen. Doch die neuen Ordensherren hielten an Kirche und Stiftungseinkünften fest, wollten sie doch keinesfalls eine evangelische Konkurrenzanstalt in Liegnitz zulassen, nachdem es in Breslau schwierig gewesen war, 1702 ihre Universität gegen den Willen der Bevölkerung durchzusetzen.

So versuchten sie den Adel der umliegenden Fürstentümer für den alten Plan der Ritterakademie zu gewinnen. Die neue Bildungsanstalt sollte paritätisch geleitet werden, das heißt Katholiken und Protestanten sollten gleichviel Einfluß nehmen können. Gegenüber dem evangelischen Adel erwies sich dies als zugkräftiges Lockmittel, denn er hoffte aus Erfahrung, im Laufe der Zeit die Parität in seinem Sinne in Alleinherrschaft zu ändern. Anfang März 1708 schlossen die Liegnitzer Stände und vier kaiserliche Kommissare nebst drei Deputierten »zu beiderseitigem Vergnügen« einen Vergleich »über die Errichtung der paritätischen Ritterakademie aus den überschüssigen Mitteln des St. Johannisstiftes«. Eine solche Vereinbarung sei »mit Fug und Rechtens von Niemandem anzufechten...« Die Schweden erhoben keine Einwände.

Unter österreichischer Herrschaft wurden 414 Zöglinge aufgenommen, darunter 297 adlige Schlesier; die anderen stammten aus benachbarten Ländern. Zuletzt waren zwei

Panorama von Görlitz

Drittel der Zöglinge Katholiken. Neben dem akademischen Lehrprogramm gehörten Reiten, Fechten, Exerzieren, Pistolenschießen, Tanzen und Parlieren der jungen Ritterschaft zu den Unterrichtsfächern. Doch wird auch von Duellsucht, Unmäßigkeit und Hoffart berichtet. In österreichischer Zeit hing der Akademie der Ruf an, ein Bild äußeren Prunks und innerer Hohlheit zu bieten. Ein Lob hingegen den österreichischen Herren für den Neubau, der noch heute Liegnitz zur Ehre gereicht.
Unter Friedrich dem Großen war unter anderem der geheime Rat Friedrich Moritz von Zedlitz (1767–1787) Direktor. Er plante, aus der Anstalt eine vorbereitende Schule für die Universität zu machen. Jahrzehnte später trat der Geheime Staatsrat Wilhelm von Humboldt, preußischer Kultusminister, Verantwortlicher für den öffentlichen Unterricht, auf den Plan. Fortan wurden auch Bürgerliche vom 15. Lebensjahr an zugelassen – was den Vorstellungen des Stifters entsprach. Adelige und bürgerliche Stadtschüler mußten von jetzt an ein vierteljährliches Honorar zahlen; an die Aufnahme ins Alumnat (Schülerwohnheim) bzw. die Zulassung zum Unterricht wurden strengere Anforderungen gestellt.
Trotz aller Reformen und der Anhebung des Bildungsniveaus konnte sich die Ritterakademie nicht in gewünschter Weise erholen, denn die Franzosenzeit von 1813 brachte Zerstörung und Armut ins Land. Die Zöglinge der Akademie mußten Uniformen anziehen und gegen die Eindringlinge kämpfen. Trotzdem behauptete sich die Einrichtung. Zur körperlichen Ertüchtigung war zwanzig Jahre danach Turnen als Fach hinzugekommen.
In der 250jährigen Geschichte der Liegnitzer Ritterakademie, die 1945 ihre Pforten schloß, darf der Name des Kunsterziehers Theodor Blätterbauer (* 1823 Bunzlau, † 1906 Liegnitz) nicht fehlen. Der Nachwelt – wofür ihm die in alle Winde verstreuten Schlesier zu tiefem Dank verpflichtet sind – hinterließ er volle Zeichenmappen von Städten, Landschaften und Bauwerken Schlesiens, wie sie in dieser Fülle kaum ein anderer schuf.
Am Ende einer Sommerreise ins Schlesierland mischt sich die Sorge in unser Empfinden: Wie lange wird sich die Nachwelt an den historischen Bauten in Liegnitz erfreuen können, die Kriege überstanden oder mit Sorgfalt wiederhergestellt wurden? Jeden Morgen – wovon ein Blick aus dem Fenster des Hotels Kuprum überzeugte – hängt über den Türmen des Piastenschlosses eine schwarzgraue Wolke. Allmählich vergrößert sie sich, hüllt oft die ganze Stadt ein und verbreitet einen unerträglichen Gestank. Sie legt sich auf Bauwerke und außerhalb der Stadt auf die Felder der fruchtbaren Acker- und Gemüseebene. So verteilt sich der tägliche Ausstoß aus den Schornsteinen der Kupferhütte am Stadtrand, wo die Erze aus den neuen Kupferbergwerken um Lüben und Liegnitz verhüttet werden; ungefiltert steigen die Abgase in den Himmel und vergiften mit der Zeit Nahrung, Tier und

Friedrich Iwan: Landeshut

Mensch. Es läßt sich wohl absehen, wann die restaurierten Liegnitzer Bauwerke so schwarz überzogen sein werden wie die in Görlitz, wann der Ertrag der Felder ringsum gesundheitsschädlich und schließlich ungenießbar wird und in den Gebirgen die letzten Bäume absterben.
Nachdenklich erkundet man die Landschaft an der Katzbach, wo alle Felder gut bestellt sind, die Menschen sich jedoch ohne Landmaschinen abmühen müssen. Pferdefuhrwerke und Hauen mit der Sense, dafür Ackerraine voller Margeriten, Korn- und Mohnblumen wie in alter Zeit. Ungewohnt dagegen erscheinen uns die weiten Felder voller Kamille und Heckenrosen. Sie stehen in üppiger Blüte und säumen die Straßen, je weiter die markanten Türme der Stadt Liegnitz in der grauen Dunstglocke verschwinden.

ANMUT, POESIE UND KLUGHEIT

Die zu würdigenden Herren schlesischer Barock- und Kirchenlieddichtung, die frühen Schulreformer und Direktoren von Poeten- und Dichterschulen im Lande mögen mir verzeihen, wenn sie hier zu kurz kommen. Ihr Ruhm hat sich durch die Jahrhunderte erhalten, Berufenere als ich haben in vielen Büchern ihre Lebenswege beschrieben – warum sollte ich also Eulen nach Athen tragen? So appelliere ich an die Ritterlichkeit großer Namen in der schlesischen Literatur zwischen Görlitz und Jauer, zwischen Glogau und Grüssau, fünf Damen den Vortritt zu lassen!
Zwei von ihnen, nein eigentlich drei, haben ganz am Rande preußische Geschichte gemacht, zwei erfreuen mit ihrer Dichtkunst und eine andere, eine bezaubernde Herzogin, entschärfte während des Wiener Kongresses von September 1814 bis Juni 1815 im Hinterstübchen einen der scharfzüngigsten französischen Politiker und griff somit lächelnd und in voll erblühter Schönheit in die Weltgeschichte ein.
Die Auswahl ist zufällig. Diese Frauen haben den Verdacht

Weinberghaus auf der Schillerhöhe in Grünberg

entkräftet: Verlöre Maria Theresia Schlesien als schönste Perle aus ihrer Krone, verlöre das Land seine heiteren Farben des österreichisch beeinflußten Barocks, alles würde grau in grau werden unter den strengen und sparsamen preußischen Beamten... Dank liebreizender und geistvoller Frauen – die kleine Tänzerin Barberina machte den Anfang – verlief alles anders, als die Schwarzseher unkten.

*

1721 im italienischen Parma als Barbara Campanini geboren, bekam sie bereits früh eine Tanz- und Musikausbildung. Ihren Lehrer Fossano begleitete sie nach Paris. Schon mit 16 Jahren erlangte sie als Tänzerin großes Ansehen. Ihr Name war in aller Munde, Verehrer, Gönner und Geliebte gehörten zu ihrem Leben, darunter der Generalinspektor der Königlichen Akademie der Musik in Paris, Prinz von Carignan, der ihretwegen sogar die Theaterkasse plünderte. Barberinas tänzerische Grazie entschuldigt, daß sie nicht ebenso tugend-

55

Das alte Freystadt von Osten

sam wie schön war. Sogar ein Bischof gehörte zum Kreis der glühenden Verehrer, mit denen der enttäuschte Prinz Barberina erwischte und ihr das Dirnenhospital androhte. Schließlich hielt er sie aus. Das hielt sie nicht aus und floh deshalb nach London, wo sie neue Triumphe in der Covent Garden Oper feierte.

Hier beginnt Barberinas Berührung mit Preußen. Der Preußenkönig erhält von einem Baron Bielfeld, seinem Gast, ein Schreiben, in dem er die Vorzüge einer jungen Tänzerin beschreibt: schön wie die Venus, eine ganz junge Hebe, die so aufregend wie Terpsichore, die Muse des Tanzes, über die Bühne gleite. Der schwärmende Baron fügte hinzu, er wage es nicht, in ihre Garderobe zu gehen, da er es für sehr gefährlich halte, ihr Gesicht, ihre Augen und all die anderen weiblichen Reize ganz aus der Nähe zu bewundern.

Als die Barberina nach dem Tod des Prinzen Carignan wieder nach Paris zurückkehrte, unterbreitete ihr der Preußische Gesandte eine Einladung seines Königs an die Berliner Oper. Man schrieb das Jahr 1743. Begeistert stimmte Barberina zu, verliebte sich jedoch vor der Abreise nach Berlin in den jungen englischen Lord Stuart Wortley-Mackenzie, floh mit ihm nach Venedig – um dort zu heiraten! Weder gütliche Vorschläge noch Drohungen aus Berlin bewogen die Schöne, ihre Zusage einzuhalten. Allmählich brachte sie den ganzen diplomatischen Apparat Preußens in Bewegung. Dessen Gesandter in Wien, Generalleutnant Dohna, beauftragte seinen Hausmeister, die Ballerina auf beste Weise nach Berlin zu bringen. Ausgestattet mit vielerlei Instruktionen, bringt er es auch fertig, obwohl in Venedig noch der verliebte Stuart Wortley-Mackenzie versucht, sie zu befreien und notfalls den Hausmeister zu erschießen.

Gut bewacht, erreichte die Tänzerin am 8. Mai 1744 Berlin. Ihr Liebster folgte ihren Spuren und wandte sich in einem rührenden Brief an den König, ihm die »an Unschuld und Reinheit Einzige« freizugeben, er werde dafür eine andere Ballerina besorgen – was ihm nicht gelang, wie die nachgelassenen Briefe beweisen.

Die Entführung der Tänzerin hatte Aufsehen erregt. In einer Veranstaltung der Comédie Française sah sie der König am 13. Mai das erste Mal tanzen. Entzückt von ihrer Kunst, ließ er sie zu sich rufen. Da sie nicht nur schön, sondern auch geistvoll war, ließ ihr der König wenige Tage danach durch einen Minister eine Art Blanko-Vertrag überreichen, in den Barberina die Jahresgage einsetzen sollte. Fünftausend Reichstaler war sich die Tänzerin wert. Ob es dem jungen Preußenkönig daraufhin den Atem verschlug, ist nicht überliefert. Jedenfalls ließ er sich nicht lumpen; im Gegenteil, schon ein Jahr später erhöhte er den Betrag um zweitausend Reichstaler, verlangte aber dafür, daß sie sich während der Vertragsdauer nicht verheiratete.

Friedrich II., 32 Jahre alt und noch nicht »der Große«, hatte sich offenbar in die temperamentvolle Italienerin verliebt, worauf persönliche Billets hinzuweisen scheinen: »Wenn ihre schönen Augen bezahlt sein sollen, so müssen sie sich zeigen«, oder »Leben sie wohl, schöne Barberina, bis zum nächsten Souper«. Sie führte ein großes Haus in der Behrensstraße. Der König ließ von ihr ein Gemälde nach dem andern durch den Maler Antoine Pesne anfertigen. Alte und junge Offiziere und Aristokraten verliebten sich in sie, es gab peinliche Skandale. Wegen des aufwendigen Lebenswandels häuften sich die Schulden der Künstlerin; sie wollte aus Berlin fliehen. Vorbei waren die königliche Großmut, vergessen die intimen Diners im »Konfidenzzimmer« in Potsdam, die verschwiegenen Teestunden im chambre séparée.

Schließlich heiratete sie den Sohn des Großkanzlers Cocceji und wurde Freifrau. Ihr Gemahl wird mit einem Jahresgehalt von sechshundert Talern nach Glogau versetzt. Sogar mit

F. G. Endler: Glogau von der Abendseite

dem Krückstock soll der König gedroht haben, als Barberina sich beschwerte, auf solch einem schlesischen Kuhdorf residieren zu müssen. Immerhin zog das Ehepaar Cocceji 1752 in das Glogauer Schloß ein, ließ sich aber nach Friedrichs Tod im Jahre 1786 scheiden.
Noch immer war die alternde Barberina eine Komödiantin durch und durch. Sie schmückte sich mit einem Brillantkreuz und der Robe einer Äbtissin, stiftete in ihrem Haus ein »Asyl der Tugend«, blieb jedoch trotz allem eine große Dame – auch wenn sie sich immer ein Hintertürchen offenließ. Ihr vornehmes Tugendstift soll durch einen unterirdischen Gang mit einem kleinen Schloß in der Nähe verbunden gewesen sein, wo man Besucher, die im Hort der Tugend fehl am Platze gewesen wären, einlassen konnte.

Fraustadt, vom Markt aus

Am 7. Juni 1799 starb sie im Alter von 79 Jahren. Dieser Primaballerina war sogar Preußens König verfallen – was bei seiner überlieferten Frauenfremdheit schon etwas heißen wollte. Zwar hatte sie in ihrem Testament gewünscht, in ihrem Park in Barschau beigesetzt zu werden; doch man begrub sie in aller Stille an der Kirche von Hochkirch, wo ihr Grab erst vor Jahrzehnten entdeckt wurde.

*

Ein Jahr nach Barberinas Geburt, am 1. Dezember 1722, erblickte in Hammer bei Schwiebus, das damals zu Schlesien gehörte, Anna Luise Karsch das Licht der Welt. Sie wurde später als »die Karschin« berühmt, dichtende Preußin und Patriotin, gefeiert als deutsche Sappho – nach der griechischen Lyrikerin, die sechshundert Jahre vor Christus lebte, junge Mädchen um sich versammelte und sie in Künsten der Aphrodite und Musen unterwies, bis sie geehelicht wurden. Hier ist der Vergleich mit der deutschen Sappho Anna Luise Karsch einem lahmen Pferd nicht unähnlich. Sie war weder schön wie die betörende Barberina, noch sammelte sie Mädchen um sich – eher schon einflußreiche Männer, über deren Vermittlung sie in literarische und später sogar in Hofkreise eingeführt wurde, um ihr großes Ziel zu erreichen: eine Audienz bei dem großen Friedrich.
Tochter eines Schankwirtes, war sie das häßliche Entlein der Familie. Das Glück, sich daraus als Frau in einen schönen Schwan zu verwandeln, war ihr nicht vergönnt. Trotzdem entwickelte sie sich zu einer der beliebtesten Dichterinnen Schlesiens. Mag ihre Beliebtheit größer gewesen sein als ihre dichterische Leistung: Sie ist eine für ihre Zeit sehr ungewöhnliche Frau. Anna Luise Dürbach – so lautet ihr Mädchenname – verlor sehr bald den Vater. Die Mutter zeichnete eine helle, wohltönende Singstimme aus. Immer wieder dachte sie sich eigene Lieder aus, was das Kind schon früh beeindruckt haben mag. Mit fünf Jahren kam Anna Luise in

den Haushalt ihres Oheims, der ihre Anlagen weiter förderte. Auf Spaziergängen zeigte er ihr die Schönheiten der Natur, beantwortete der Wißbegierigen viele Fragen und lehrte sie – zum Entsetzen der Großmutter – alles Mögliche anstatt Strümpfe zu stopfen und was sonst ein Mädchen von Küche, Haus und Familie wissen mußte. So mag der Oheim in seiner Freude, das Kind geistig zu fördern, es ihm gleichzeitig schwer gemacht haben, eine gute Ehefrau zu werden, was immer man darunter verstand.

Natürlich hatte er, der Justizamtmann Fekke aus Tirschtiegel, Anna Luise das Schreiben beigebracht, zu allem Übel auch noch Latein, dessen Vokabeln sie nach dem Nachtgebet wiederholte, bis sie darüber einschlief. Es kam, wie es kommen mußte: Die Mutter erhielt von der mißtrauischen Großmutter einen Wink, das heranwachsende Mädchen mußte sich fortan um die Stiefgeschwister ihrer neuvermählten Mutter kümmern und Vieh hüten. Als Hirtin sehnte sie sich nach des Oheims Büchern, die sie gelesen hatte. Wenn sie über die Grenze nach Preußen, nach Berlin ginge, so glaubte sie, müßte sich ihr die Welt der Bücher wieder öffnen. Dort, im Hause eines Rittmeisters, erlebte und deckte sie die außereheliche Liebesgeschichte der Hausfrau, was nicht gutgehen konnte. Schließlich mußte sie wieder nach Schlesien zu ihren Tieren zurückkehren.

Dort heiratete sie den ehrbaren Tuchmacher Hirsekorn aus Schwiebus, der nach Auskunft der Mutter mit einer ansehnlichen Mitgift gerechnet hatte. Ihre treue Liebe konnte ihm den materiellen Gewinn nicht ersetzen: Ihr Elend als Ehefrau nahm seinen Lauf. Der Gemahl hielt ihr Bücherlesen und Dichten als Laster vor, das die beste Zeit zum Arbeiten wegstehle. Unter den Kopfkissen ihrer Kinder hatte sie stets ein Buch liegen; sie träumte und reimte sich mit den Jahren in bessere Zeiten hinein. Ihre Kunst sprach sich herum, Nachbarn und Verliebte ließen sich von ihr Verse machen, jeden Gast begrüßte sie mit einem kleinen Gedicht im Geschmack der Zeit. Sie wurde bestaunt und beschenkt, doch Herr

Glogau um 1830

Hirsekorn wurde dessen nicht froh und warf ihre Verse wiederholt ins Feuer – darunter auch dem großen König in Potsdam gewidmete, von dem sie sich in kindlichem Vertrauen Hilfe erhoffte.

Diese kam unerwartet: Nach einem neuen Gesetz konnten sich fortan in Preußen Ehepaare scheiden lassen. Hirsekorn benützte diese Gelegenheit, um sie regelrecht aus dem Hause zu stoßen, obwohl sie wieder ein Kind unter dem Herzen trug. Nachbarn nahmen sie auf. Nach ihrer Entbindung war sie die erste geschiedene Frau in Preußen. Um den Kindern einen Vater zu geben, wagte sie gegen ihr Gefühl eine neue Ehe mit dem trunksüchtigen Schneider Karsch. Sich zu bessern war eine leere Versprechung gewesen, vier Kinder gebar sie dem Karsch, der selbst ihre und der Kinder Kleider verkaufte, um trinken zu können. Schläge waren an der Tagesordnung, und Anna Luise Karsch bekennt: »Nimmer soll es meine Seele vergessen, wie tief ich herunter gesunken und wie hoffnungslos mein Zustand war.«

In ihren Versen fand sie Trost. Die Familie siedelte nach Fraustadt über, wo Verse der Karschin im Druck erschienen: »Mich dünkt, mein Genie war jetzt gleich einem Vogel, der zum ersten Male sich seiner Gabe zu fliegen bewußt ist«, schrieb sie. Freunde halfen der Familie, nach Groß Glogau zu übersiedeln (1755). Von dem trunksüchtigen Gemahl wurde Anna Luise befreit; nach einem neuerlichen Skandal holte man ihn ab und steckte ihn unter die Soldaten.

Laubenhäuser in Bolkenhain

In Glogau kam sie mit Künstlern und Gelehrten zusammen, die sie und ihr bewegtes Leben bewunderten und sie unterstützten. In jenen Jahren erregte Anna Luise mit Gedichten auf die Siege Friedrichs des Großen Aufsehen:

> Der Wahrheit Stimme will ich brauchen –
> Soll ich dir sagen, wer ich bin?
> Ein Weib, das niemals sich erstohlen
> Durch Schmeichelei Gunst und Gewinn.

Die letzten beiden Verse sind höchst aufschlußreich:

> Der Wahrheit Stimme will ich brauchen
> Und sollt ich meinen Bissen Brot
> Mit Salz bestreut in Essig tauchen,
> So bliebe sie mein größt' Gebot.
>
> Sie hieß mich Friedrichs Siege singen;
> Und wollten seine Feinde mich
> Zu andern Tönen grausam zwingen:
> Doch säng ich sterbend Friederich!

Natürlich besang sie in ihren Gedichten auch die Natur, wozu sie einst ihr Oheim angeleitet hatte. Einen Baron von Kottwitz beeindruckten ihre Stegreifgedichte; er wurde ihr Förderer und führte sie 1761 in Berlin ein. Nicht nur die literarischen Salons standen ihr offen; sie erreichte vielmehr, wovon sie immer geträumt hatte: eine Audienz beim König. Beeindruckt und berührt von ihrer patriotischen Dichtung, schenkte er ihr ein Haus und ließ ihr hin und wieder finanzielle Hilfe zukommen. Sie soll auch mit Amalia, der Schwester des Königs, regen Kontakt gepflegt haben; diese schrieb Melodien zu den Versen der Karschin.

Das Leben in Berlin gefiel ihr, ja, sie betrachtete es als Entschädigung für viele Kümmernisse und Elend. Daher ging sie wohl zu großzügig mit dem Geld um, das man ihr gewährte, wie auch die zweitausend Taler für den ersten Gedichtband schnell verbraucht waren. Die bisher bewunderte, von einem Hirtenmädchen aufgestiegene Dichterin zog sich den Ruf einer exzentrischen Schneidersfrau zu. 1791 verstarb sie in Berlin.

*

Zu der Zeit, da die Karschin in der Nähe des von ihr so verehrten Königs zur deutschen Sappho wurde, wuchs in Wolfenbüttel ein adeliges Fräulein heran, das später zu den schönsten und edelsten Frauen Schlesiens zählen und für das Riesengebirge das bedeuten sollte, was die hl. Hedwig für ganz Schlesien ist: eine große Wohltäterin. Friederike Karoline Freiin von Riedesel, geboren am 12. Mai 1774, war seit 1802 mit Friedrich Wilhelm Graf von Reden verheiratet. 1752 in Hameln geboren, hatte er Bergbau studiert und war von Friedrich dem Großen zum Staatsminister für den gesamten preußischen Bergbau ernannt worden. Er galt als erfolgreicher Neubegründer des Hüttenbaus und der Hüttenindustrie. Das Paar lebte auf dem in eine anmutige Seenlandschaft und die Vorberge des aufsteigenden Riesengebirgskammes eingebetteten Schloß Buchwald. 1809 verbarg sich hier der von Napoleon geächtete Freiherr vom und zum Stein; das Schloß wurde zur geistigen Mitte der vaterländischen Revolution Preußens.

1815 starb Friedrich Wilhelm Graf von Reden in Buchwald. Seine Gattin setzte nun allein das bereits begonnene soziale Werk fort, der armen Gebirgsbevölkerung wirtschaftlich zu helfen. Ihr segensreiches Wirken trug ihr bald den Namen »Mutter des Hirschberger Tales« ein. Sie hatte nicht nur edle Züge, sondern war auch klug und nutzte die enge Bindung an das Königshaus. Um die Ansiedlung der ihres Glaubens wegen ausgewanderten Tiroler in Erdmannsdorf erwarb sie sich große Verdienste. Friedrich Wilhelm III. hatte durch ihre Vermittlung im Jahre 1837 über 400 Glaubensflüchtlingen aus dem Zillertal große Teile des Erdmannsdorfer Gutsbesitzes als Bauland zur Neuansiedlung überlassen. Unter der Leitung des Bauinspektors Hamann entstanden mehrere Gruppen neuer Häuser im alpenländischen Stil, zum Teil Nachbildungen der in Tirol zurückgelassenen Häuser. So entwickelte sich ein beinahe selbständiger Ortsteil Zillerthal, die Gesamtgemeinde hieß Zillerthal-Erdmannsdorf. An diese denkwürdige Ansiedlung erinnerte eine ovale Gedenktafel mit dem Porträt des Königs, die ein schlesischer und ein Tiroler Bauernbub halten; sie hatte ihren Platz an einem Kreuz vor der evangelischen Kirche gefunden.

Wer heute von Hirschberg aus der Landstraße nach Krummhübel folgt, durchfährt das einstige Doppeldorf. Die großenteils durch Anbauten veränderten – viele sind sogar verschwunden – Häuser im Tiroler Baustil sind nicht leicht auszumachen; früher fielen sie von weitem auf.

Eine Idee der Gräfin war es, die von Friedrich Wilhelm IV. ersteigerte Stabholzkirche aus Wang in Norwegen oberhalb Brückenbergs wieder zu errichten, damit die verstreut in kleinen Bergdörfern oder Bauden wohnenden evangelischen Gläubigen einen Platz für ihre Gottesdienste erhielten. Wunsch und Plan wurden Wirklichkeit, denn der König verehrte in der inzwischen 68jährigen Gräfin eine aufrichtige und mütterliche Freundin, deren Argumenten er sich nicht verschloß. Ihr ganzer Briefwechsel um die Errichtung dieses Kirchleins ist erhalten. Mit Nachdruck weist sie darauf hin, wie viele Menschen im Gebirge ohne Trost und seelischen Beistand und ohne Sakramente sterben müßten, daß die Kinder frühestens nach sechs Monaten getauft werden könnten oder auf dem sechs Stunden langen Weg im Winter starben.

Bei der Einweihung am 28. Juli 1844 übergab Baumeister Hamann dem König an der Eingangstür den Kirchenschlüssel. Doch der reichte ihn an die Gräfin Reden weiter, umfaßte aber mit seiner Hand die ihre, in der sie den Schlüssel hielt: gemeinsam schlossen beide die Kirchentür auf. Als diese edle Frau zehn Jahre später starb, ließ König Friedrich Wilhelm III. an der Kirche Wang eine Gedenktafel errichten:

»Johanne Juliane Friederike Gräfin v. Reden geb. v. Riedesel zu Eisenbach, Wittwe seit 1815 des Staatsministers Grafen v. Reden geb. zu Wolfenbüttel d. 12. Mai 1774, seelig entschlafen zu Buchwald d. 14. Mai 1854 ...«

F. G. Endler: Goldberg

Der Garten um Schloß Buchwald wird Brücke zu der dichtenden schlesischen Webersfrau Johanne Juliane Schubert, geb. May (1776–1864) aus Würgsdorf bei Bolkenhain. Überwältigt von dem Anblick eines großen englischen Parks mit Teichen, Nischen, Treppchen und kleinen Pavillons, hat sie dem von Würgsdorf etwa 35 km entfernten Buchwald drei Gedichte gewidmet, so »Die Rosen im Garten zu Buchwald«. Wer war die Dichterin? Einundzwanzigjährig antwortete sie darauf:

> Ein Hüttchen nur von Holz und Stroh und Leinen
> Schützt mich vor Regen, Sturm und Schnei'n.
> Hier kann ich weben, kochen, kehren, reimen
> Und mich so meines Lebens freu'n.
>
> Der Ziegenberg, den wir vereint bestiegen,
> Auch der ist nicht mein Eigenthum;
> Man ist so gut, und läßt mir das Vergnügen,
> Und nimmt als Nachbar Dank und Ruhm.

Epitaph Kupferwolff in Beuthen/Oder

Als Kind armer Webersleute in einem Vorgebirgsdorf ist sie ebenso arm wie die Karschin gewesen; wie diese begeisterte sie sich an der Schönheit der Natur, doch ohne deren poetischen Höhenflug und Unglück im täglichen Elend. 1811 kamen die Gedichte Johanne Juliane Schuberts als Bücher heraus: »Nebst dem Bildniß der Dichterin, für welche der Ertrag dieser Sammlung bestimmt ist.« Gedruckt in Reichenbach, 2. verbesserte Auflage.

Aus ihrer Biographie geht hervor, daß sie als eines der sechs Kinder der armen Webersleute May geboren ist, von denen nur eine größere Schwester und sie das Erwachsenenalter erreichten. Auch sie war ein kränkliches Kind, das sich am liebsten draußen in der Natur aufhielt, jedoch in der Schule wißbegierig lesen lernte, wozu ihr das alte »Breslauer Gesangbuch« diente. Die Mutter sang mit Johanne Juliane am Bett Abendlieder, trotz Not und Elend war die Liebe im ärmlichen Weberhäuschen daheim; das prägte die spätere Dichterin unverkennbar. Nach Beendigung der Schulzeit reimte sie nach eigenen Aussagen »nach Gefallen manchmal ein Lied«. Anstoß zu tieferer Dichtung wird der Tod der einzigen Schwester. Der Schmerz treibt sie hinaus in die Natur, wo sie sich Trost, Kraft und Anregungen holt. In ihrer Naturlyrik spielt das Veilchen eine Rolle, als sei es Sinnbild ihrer Persönlichkeit:

> Als ich am 22ten October ein Veilchen geschenkt bekam
>
> Frühlingsblümchen, Bote schöner Tage,
> Allerliebstes, holdes Veilchen, sage
> Deiner Freundin doch, wo kommst du her,
> Jetzt im Herbst bei rauher Stürme Sausen?
> O, wie magst du jetzt bei uns noch hausen
> Auf der öden blumenleeren Flur!

Mit vierundzwanzig Jahren heiratete sie den hinterbliebenen Bräutigam ihrer Schwester, den Weber Ehrenfried Schubert.

Zwei Kinder werden ihnen geboren, wovon eines dreijährig stirbt. Fleißig webend trägt sie wie ihr Mann zum Broterwerb bei, liest jedoch daneben Bücher von Klopstock, Schiller und Gellert, die ihr neue Freunde und Gönner besorgt hatten. Nie vernachlässigt sie ihren Gatten, der sie verstehend gewähren läßt, oder ihre Kinder. Sie bekennt: Dichten sei ihre Sonntagsfreude. Glücklich und zufrieden ist sie mit ihrem Mann und dem kargen Weberleben.

    Selbst Könige beneid' ich nicht,
    Das höchste Glück ist mein,
    Ein fühlend Herz – Dank dir, o Gott!
    Könnt ich beglückter seyn?

Hochbetagt starb sie mit 88 Jahren und hinterließ ein für eine arme Weberin beachtliches lyrisches Werk. Ihr Leben ging zu Ende, als im nahen Bad Salzbrunn Gerhart Hauptmann zwei Jahre alt war. Johanne Juliane Schubert aber hat bewiesen, daß ein schweres Leben nicht lieb- und freudlos zu sein braucht. So steht ihre Lebensweise für ungezählte Frauen des Schlesierlandes von gestern und heute.

*

Die schöne Herzogin von Sagan sorgte für eine kostbare Innenausstattung des Schlosses im klassizistischen Stil mit französischen Möbeln und lieferte Romanschreibern willkommenen Stoff durch ihre Liebschaft am Rande der Weltgeschichte. War sie doch das, was man ein ostelbisches Mädchen nennt: hellhäutig, rund und rosig, sehr früh zu einer Frau herangereift, deren Schönheit und Klugheit die einflußreichsten Männer ihrer Zeit betörte.
Ihr Glück, 1793 als eine der drei Töchter Peters Herzog von Kurland geboren zu werden und nicht als ein Sohn; denn ihn hätte wohl die Zarin Katharina aus der Wiege rauben lassen!

Altar, ev. Kirche zu Rückersdorf, Kr. Sprottau

Schließlich war Johann Biron, Herzog Peters Vater, nur ein kurländischer Stallbursche gewesen, wenn auch heiß geliebt von einer anderen Zarin, die ihn aus Dank auf den kurländischen Thron erhoben hatte. Mit einem Knabenraub hätte die mächtige Zarin verhindern können, daß sich die herzogliche Stallburschenlinie fortsetzte. Müde des Streitens, verkaufte Herzog Peter Land und Krone für einen hohen Betrag an Katharina. Deshalb zählten nach seinem Ableben die drei Töchter auch von ihrem Vermögen her zu den besten Partien im Lande.
Das große Vermögen setzte Peter in die Lage, dem Fürsten Wenzel Eusebius von Lobkowitz das Saganer Schloß abzukaufen, in dessen Hände es 1634 nach dem Tod Wallensteins gekommen war, den begonnenen Neubau fortzusetzen und 1695 zu vollenden. Die Herzogsfamilie lebte nun im Saganer Schloß; dort wuchsen die Prinzessinnen heran. Dorothea, die jüngste, zeichnete sich durch Intelligenz und Schönheit aus.

Schloß Muskau

Sie haßte Napoleon, der in Schlesien Spuren hinterließ und in Berlin einzog, als sie dreizehn Jahre alt war.
Inzwischen war der Vater verstorben. Gegen ihren Willen wird die fünfzehnjährige Dorothea auf Betreiben Zar Alexanders mit dem französischen Grafen Edmond de Périgord verheiratet. Sie verabscheut ihren ungeliebten Mann. Da zum Glück ihr Gatte mehr abwesend ist als bei ihr weilt, betrachtet sie das Saganer Schloß als Schutzburg. Das bewahrt sie nicht davor, sich heftig in einen anderen Franzosen zu verlieben: ihren angeheirateten Oheim, Edmonds Onkel Charles Maurice, Fürst von Talleyrand, Fürst von Bénévent, Exbischof von Autun, vormals Abbé de Périgord.
Kein Geringerer als der berühmt-berüchtigte französische Außenminister und Erste Bevollmächtigte beim Wiener Kongreß verbirgt sich hinter den klangvollen Namen. Dorothea sah den reifen, welterfahrenen Talleyrand ein erstes Mal an ihrem Hochzeitstag, verliebte sich in ihn anstatt in seinen Neffen, den ihr gerade Angetrauten. Als Familienmitglied hatte sie die Möglichkeit, ihn später verschiedentlich zu begleiten, so nach Wien. Die gebildete Dame verstand es, ihm das dort gemietete Haus zu führen, wo er Gesandte und Fürsten, Freunde und Feinde zu Gesprächen empfing, um sie für seine Pläne zu gewinnen.
Mit der nun zwanzigjährigen Dorothea, die mit vollendeter Schönheit und einem klugen Köpfchen gesegnet war, genoß er im Schatten der Weltgeschichte seine letzte große Liebe, unbeeinträchtigt von einem Altersunterschied von vierzig Jahren. Ihre klugen Gedanken schätzte er.
Jahre gingen ins Land, ferngerückt waren der Wiener Kongreß und seine Romanzen. Dorotheas Leben verlief in ruhigeren Bahnen, das Fürstentum Sagan wurde 1844 letztes preußisches Thronlehen und erlosch erst 1935.
Den Innenausbau des Schlosses, den noch ihr Vater begonnen hatte, setzte Dorothea fort. Ihr großes Vermögen machte es ihr leicht, viele Ideen und Vorstellungen bei der Innenausstattung in die Tat umzusetzen. Doch das genügte der einstigen kurländischen Prinzessin nicht.
Von Fürst Pückler auf Muskau ließ sie sich fachlich beraten, wie sich der Park um das Schloß im englischen Stil gestalten ließe. So wuchsen in ihrer Zeit der neuangelegte Park und das Schloß zu Sagan als bewunderungswürdige Einheit zusammen und blieben bis zur Zerstörung 1945 eine lebendige Erinnerung an eine schöne und geistvolle Herzogin.

GROSSMUTTERS WEIHNACHTSSTÜBEL

Bevor wir Abschied nehmen von der Landschaft zwischen den Iserkämmen und dem Schlesiersee, zwischen der Schneekoppe, dem Quellgebiet der Elbe, und der Tiefebene an der Oder, kehren wir noch einmal in Gedanken in das Weihnachtsstübel unserer längst heimgegangenen Großmutter ein mit all den unvergeßlichen Düften, Heimlichkeiten und

Geräuschen. Ging doch diese Erinnerung mit in die Fremde, war das Leuchten dieser Kindertage nicht selten Tröstung in dunkler Zeit. Für die Kinder unserer Tage ist diese Welt meist entzaubert und elektronisiert; erzählen wir ihnen deshalb ein wenig von jener vorweihnachtlichen Stille und den kleinen erwartungsfrohen Freuden.

In der Ebene kündigte sich der Winter mit gefrorenen Äckern an. Rauhreif lag auf Furchen und Gräsern und war gefürchtet, wenn er kam, bevor das letzte Fuder Rüben hereingeholt war. Anfang November begann in den Gebirgen Frau Holle ihre Betten zu schütteln. Aus den vom Wind unaufhörlich durcheinandergewirbelten weißen Flöckchen war bald ein leises Schneien geworden, bis sich eines Morgens eine geschlossene Schneedecke über dem Land auszubreiten begann. Reh- und Hasenspuren führten nun vom Waldrand über die Felder in die Nähe der Häuser.

Groß und klein mußte für den Winter gerüstet sein. Ob es das ausgebesserte Dach, die innen mit Schamott neu ausgeschmierten Kachelöfen oder die rechtzeitig vorgesetzten Doppelfenster waren: Den Zeitpunkt vor dem ersten Schneien durfte man nicht verpassen. Ein Kachelofen mußte den »richtigen Zug« haben, sollte er nicht zuviel Feuerung verschlingen; seine gemütliche Wärme war durch nichts zu ersetzen. Trockenes Feuerholz hatte man rechtzeitig in »Scheitlafemen« – so nannte man die kunstvoll aufgestapelten Türme aus Holzscheiteln – oder im Schuppen aufgeschichtet, im Keller lagen Holz und Briketts, aus heutiger Sicht kleine Mengen, doch ausreichend für eine kalte Jahreszeit. Feuerholz war oft einfach Leseholz aus den Wäldern, die man auf diese Weise fortlaufend von krankem und Bruchholz säuberte. Auch Hartholz (Buche, Eiche) kam hinzu; es brannte und wärmte so lange wie Briketts. Heimische Kohle war zwar billig, aber immer noch teurer als Leseholz. Man lagerte deshalb im Keller nur den Bedarf eines Winters – und ging damit bis zum Frühjahr recht sparsam um. So schonte man die Wälder.

Obwohl sich die winterlichen Temperaturen durchschnittlich in der Spanne von zehn bis zwanzig Grad unter Null bewegten, wäre niemand auf die Idee gekommen, das ganze Haus zu beheizen. Warm waren Küche und/oder Wohnstube; in alten Häusern stand eine Ofenbank um den Kachelofen, in feinen Häusern ein Ofen aus kunstvoll verzierten bunten Kacheln. Sie alle wärmten gut, die einfachen wie die besonders schönen Kachelöfen, und verbreiteten ein unverwechselbares Gefühl von Heimat. Material zu Ofenkacheln gab es ja um Bunzlau und Naumburg in Hülle und Fülle. Auch der Schnee, der die kleinen Häuser in den Gebirgen nicht selten bis zum Dach einhüllte, hielt und verstärkte die Hauswärme. Um nicht für die »Gasse« zu heizen, legte man mit Holzwolle oder Moosen ausgestopfte Kissen zwischen die Doppelfenster, wo bunte Papierrosen den ganzen Winter über »blühten«; freilich verdeckten Eisblumen oft die Sicht

Krippenständer aus Hohenwiese

auf dieses Ersatzgärtlein. Großmutter faltete die neuen Rosen aus Seidenpapier. Im späten Herbst begann das Federnschleißen, das bei Kindern gemischte Gefühle auslöste: War es doch recht mühselig, sein Häuflein Federn für irgendein Aussteuerbett zu schleißen, das man noch gar nicht brauchte; ließ es sich andererseits so schön in einen Berg Federn blasen… An solchen Tagen schmorte der duftende Bratapfel umsonst im Ofenrohr, denn eine Belohnung hatte man verwirkt.

Sobald Großvater den ersten Schnee geschippt und Feuerholz hereingebracht hatte, erzählte er von Weihnachtszeptern, die sein Großvater einst schnitzte, wobei er, der Enkel, ihm hatte helfen dürfen. Er stammte aus der Gegend von Probsthain im Bober-Katzbach-Gebirge, wo Quempassingen und Weihnachtszepter zur Christnacht gehörten. Die Weihnachtszepter waren je nach Ortschaft verschieden hoch; jenes aus Lähn am Bober ist mit 1,75 m und nur vier Etagen verhältnismäßig klein, Konradswaldau im Kreis Goldberg hingegen hatte eines mit 1,50 m Höhe, das aus Jannowitz maß gar nur 80 cm, wogegen das Probsthainer Weihnachtszepter sage und schreibe 2,50 bis 3,00 m hoch aufragte.

F. G. Endler: Der Spitzberg

So genau wußte Großvater das nicht mehr; doch er erzählte von Krippenfiguren, die er selbst für das Zepter geschnitzt hatte. In einem Fußkreuz steckte ein starker Holzstab, daran waren sieben oder acht Etagen übereinander Holzkreuze und Holzreifen um eine Mittelachse angebracht, gelb und rot gestrichen und mit Blumengirlanden verziert. Außen an den Ringen mußte man Blechtüllen für 32 Lichter anbringen; sie hatten auch die Ketten aus Goldpapierringen oder Perlen zu halten, die der Lufthauch oder die Kerzenwärme in leichter Bewegung hielten. Unerläßlich waren zwischen den Kerzen angebrachte kleine Buchsbaumsträußchen, oftmals auch noch Rosen aus Seidenpapier. Die ganze Familie werkelte an ihrem Weihnachtszepter, das am Heiligen Abend mit in die Kirche genommen wurde. Ursula Korn-Mehnert berichtet über diesen Zepterbrauch in Probsthain, wo er bis zum Jahre 1945 üblich war.

Zu Beginn der Adventszeit besuchte der Pfarrer alle Familien im Dorf, um sie zum Schmücken der Zepter zu ermuntern. Meist Eigentum der großen Hofbauern, vererbten sie sich von Generation zu Generation. Gehörten Schulkinder zur Familie, brachten diese die Zepter mit in die Kirche. Ein Lichtzepter zu tragen galt als große Ehre. Auf der obersten Empore der Kirche waren handgeschmiedete eiserne Leuchter angebracht, in die man die Zepter einsteckte, wenn um 16.00 Uhr nachmittags das Zepterläuten erklang. Die ganz hohen Zepter nahm man vorher auseinander, da sie zu sperrig waren; oben auf der Empore schraubte man sie wieder zu voller Höhe zusammen.

Beim Gottesdienst um 17.00 Uhr erstrahlte die alte Zufluchtskirche zu Probsthain im Lichterglanz von über 1000 Kerzen. Chöre begannen, wie seit Jahrhunderten, »Quem pastores laudavere« auf lateinisch zu singen: Das altüberlieferte »Quempassingen« soll schon 1594 im Herzogtum Brieg durch die Wittenberger eingeführt und an Hohen Schulen und Kirchen üblich und vorgeschrieben gewesen sein.

Ein Strahlenkranz schloß das Weihnachtszepter an der Spitze ab; auf der obersten Scheibe war »Christi Geburt«, ein krippenähnlicher Aufbau mit Stall, Hirten und Schafen zu sehen. Darunter breitete sich Jerusalem und Landschaften mit Moos, Bergen und Tieren aller Art bis hin zu Kamelen und Dromedaren aus. Nichts anderes als eine schlesische Form der über Sachsen, Lausitz und Nordböhmen verbreiteten Lichterpyramiden sind die Weihnachtszepter, die die Aufgabe haben, Licht zu spenden und das Krippengeschehen darzustellen. Mit der Zeit entwickelte sich aus dem Familienbrauchtum ein Kirchenbrauch. Daneben erlangte die Schmiedeberger Korbmacherkrippe großes Ansehen. Jede Familie schuf sich ihre Krippe, wie sie entweder im Ort Brauch war oder die Menschen mit dem Heilsgeschehen im Herzen am tiefsten anrührte.

Im »Großmutterstübchen« stand gewöhnlich eine Berglerkrippe aus Moos und Rinden, mit selbstgeschnitzten einfachen Holzfiguren und einigen sehr wertvollen aus der Warmbrunner Holzschnitzerschule. Manch ein Kind steckte dem Jesulein verstohlen eine goldene Nuß aus seinem Vorrat zu. Meist war es Großmutter, die die Kinder lehrte, wie man ein schlesisches Nußkrippel herstellt; dazu gehört viel Geschick. Bei Gerda Benz kann man diese alte Familienkunst heute noch lernen.

Die Nuß ist, wie andere Samen, die in der schlesischen Weihnacht eine Rolle spielen, – denken wir an den Mohn – ein Fruchtbarkeitszeichen. Was liegt näher, als die heilige Familie einzubeziehen und um ein gutes Erntejahr zu bitten. Für ein Nußkrippel braucht man gesunde Walnüsse der letzten Ernte. Noch vor der Adventszeit schneidet man aus den noch nicht ganz gereiften Nüssen den Raum für ein winziges Krippel heraus; zwei Drittel des Nußgehäuses läßt man unversehrt. Nun polstert man es mit winzigem Moos aus, schnitzt aus Holzstöckchen in Bleistiftstärke die Heilige Familie und zieht ihr winzige Kleider an. Ochs und Esel dürfen dabei nicht fehlen, ebenso wie der aufgeklebte Stern

Krippendarstellung auf Holzscheiben

von Bethlehem. Mit einem Goldfaden hängt man das Nußkripplein an das »Bäumchen« – ein Hauptast mit vielen kleinen Verästelungen, der in einer Holzscheibe mit Rinde steckt. Zwischen selbstgebastelten Strohsternen – ein Bezug zur Getreideernte – wiegen sich kleine Nußkrippen, wie sie mit den Jahren aus der Familie und dem Freundeskreis als Segensgeschenk zusammenkamen.

Aus dem Garten hat Großmutter vielleicht die Apfelpyramide aus rotwangigen Äpfeln mit Lichtern aufgestellt, oder den Putzapfel; denn im schlesischen Weihnachtsbrauchtum spielt der Apfel eine Rolle. Am heiligen Abend schälte man einen Apfel ringsum vorsichtig, damit die Schale nicht riß. Blieb sie als Spirale unversehrt, bedeutete es Glück für ein ganzes Jahr. Junge Mädchen warfen eine Apfelschale »ärschlich«, also rückwärts über ihren Kopf und lasen aus der

Der Nikolaus kommt

zufällig gebildeten Form den Namen ihres künftigen Liebsten.

Was konnte nicht ein Kind in vorweihnachtlicher Zeit auf dem Dachboden erleben! In buntbemalten Truhen und Schränken lagerte vieles, was in der heiligen Zeit zu neuem Leben erwachte: Seiden- und Goldpapier, goldene Ketten und geglättetes Lametta für den Christbaum, alter Schmuck für den Weihnachtsbaum wie Engel mit Trompeten, Glöckchen und Figürchen aus buntem Glas und Bronze zum Vergolden der Nüsse. Bildchen vom Knecht Ruprecht, von Engeln und dem Christkindel, die man zur Verzierung auf die würzigen Pfefferkuchen aufklebte, strahlten den Kindern entgegen. Längst hatte Großmutter ihren Pfefferkuchenteig fertig, der noch eine Weile »abliegen« mußte; die ersten Plätzchen durfte man an solchen Tagen schon einmal probieren – doch vorsichtshalber wurden sie danach gleich wieder weggeschlossen, damit es nur bei der Vorfreude auf kommende Genüsse blieb. Jede Familie hatte ihre erprobten Rezepte, zu denen sich Liegnitzer Bomben, Neißer Konfekt und Pflastersteine aus Wartha gesellten.

Barbarazweige, am 4. Dezember von Kirschbäumen geschnitten, sollen das ganze Jahr Glück bringen, wenn sie am Heiligen Abend erblühten. Am 5. Dezember abends erschien der Nickel oder Ruprecht, angetan mit einem umgedrehten Fuhrpelz. Ein Strohseil umgebunden und einen Sack auf dem Rücken, klopfte er bei einbrechender Dunkelheit an die Stubentüren:

> Holla, holla, ich kumm reigefolla,
> hirt ihr ne 'n Sack schun knolla?
> Wil sahn, ob die Kinder schien und fleißig singa,
> do will ich ihn 'ne gruße Bürde bringa!

Meistens gab es einen Apfel oder einen Pfefferkuchen, aber zuvor eins mit der Rute für die vielen kleinen Sünden, die sich übers Jahr angesammelt hatten. Kecke Burschen bedankten sich für die Rute mit einem Spottvers:

> Vater unser, der du bist,
> Schmeiß a Nickel uff a Mist,
> Schmeiß 'n ock recht weit,
> Doa ies a ganz verschneit!

Die Pfaffermannla haben sich sogar einen Platz in der Literatur gesichert. Ernst Schenke, der letzte große schlesische Mundartdichter, hat in seinem umfangreichen Werk zwei herrliche Stücke hinterlassen: »Doas nausgeschmissene Faffermannla« – die ergreifende Geschichte in sieben Gesätzeln von einem Pfefferkuchen, der aus Versehen aus einem Korb auf eine Wiese gefallen war, wo Hasen, Kaninchen, Sperlinge und Krähen ihn bestaunen, hineinpicken und hineinbeißen wollen, bis ihn schließlich das Christkindel findet, rettet und ihn an den schönsten Platz am Christbaum hängt. Niemand konnte diese Geschichte besser erzählen als eine Großmutter in der Adventszeit. Nicht anders war es mit der Geschichte »Die Haosa ei derr Heilige Nacht«, die dem Förster in die Weihnachtsstube sehen, den Christbaum entdecken und erleben, wie der Hausherr sich an Hasenbraten labt. Schließlich sind sie sich einig: »Stopft sich der Förster mit Hasenfleisch voll, – nun, dann fressen wir ihm aus Rache den ganzen Kohl...«

Zu den Tieren hatten die alten Leute an Weihnachten ein inniges Verhältnis. Großvater erzählte uns, daß man erst einmal jedem Tier eine glückliche Weihnacht wünschte, jedes Stück Vieh eine Brotschnitte mit Salz darauf bekam, in die der Kern einer Walnuß eingedrückt war. Überhaupt nahm die Walnuß im Weihnachtsbrauchtum einen festen Platz ein. Am Heiligen Abend schütten die Leute Walnußschalen an die Obstbäume, damit sie im kommenden Jahr besser tragen. Den Baum, der wenig getragen hatte, bedrohte am gleichen Abend der Bauer mit dem Beil, als wolle er ihn umhacken. Sein Kind, meist ein Junge, bat den zornigen Vater um Gnade, worauf dieser den Stamm zum Zeichen des Vergebens mit einem Strohseil umwickelte. Davon versprach er sich künftig besseren Ertrag.

Nach Großmutters Erzählung mußten am Heiligen Abend »Neunerlei Gegräupe« auf dem Tisch stehen als Symbol der Fruchtbarkeit, dann gäbe es keinen Hunger. Hirse, Roggen, Gerste, Weizen, Leinsamen und Mohn gehörten dazu. Das Weihnachtsgebäck erhielt sich noch über die Vertreibung hinaus in schlesischen Familien. Ohne Mohnklöße ist das Fest in vielen Familien auch heute nicht denkbar. Der Weihnachtsstriezel ist aus der alten Flechtsemmel entstanden; sie sollte das »eingebundene Jesulein« darstellen. Man schenkte sie sich gegenseitig. Gingen die Kinder von Haus zu Haus zu Verwandten und Nachbarn, sagten sie: »Ich wünsche dir glückliche und gesunde Feiertage und den neugeborenen Heiland jederzeit zum Trost.«

Für das mitgebrachte Nußkrippel gab es nicht selten einen Geldapfel: einen großen roten Weihnachtsapfel, in den Paten mit Vorliebe ein großes Geldstück – fünf Mark zum Beispiel – oben einsteckten oder den ganzen Apfel mit kleineren Münzen besteckten, die bald in der Sparkasse verschwanden. Die weihnachtliche »Einbescherung« findet statt, wenn die Lichter am Christbaum brennen, die Gedichte aufgesagt und die Lieder gesungen sind. Leise reden die Erwachsenen über die Zwölf Heiligen Nächte; im darauffolgenden Jahr soll in Erfüllung gehen, was man in jener Zeit geträumt hat. Auch Zwiebelschalen als Orakel benutzte man, um zu erfahren, ob das kommende Jahr ein gutes werden würde, ein nasses oder trockenes. Zu diesem Zwecke teilt man eine große Zwiebel in zwei Hälften, legt zwölf regelmäßige Schälchen nebeneinander, in die man Salz streut. Am Morgen zählt man die Monate der Reihenfolge nach ab und erfährt, ob der Mai kühl und naß wird oder ein anderer Monat, in dem man die Nässe nicht brauchen kann.

Der Schluß wurde mit Orgel- und Bläserbegleitung einstimmig gesungen und zwar von allen Stimmen.

Quem pastores laudavere

Sei es der altgewohnte Weihnachtskarpfen oder nur »Neunerlei Gegräupe« gewesen, ein zusätzliches Gedeck steht immer auf dem Tisch, das mit der Speise nach dem Abräumen stehen bleibt – für einen unbekannten Gast. Die Sitte wandelte sich von Ort zu Ort: Manchmal stehen drei volle Teller auf einem Tisch, einer für das Christkind, einer für einen unbekannten Gast, einer für einen Bettler. Großmutter meinte, das sei immer so gewesen.

Das Lichtelschwimmen gehörte zu den schönsten Freuden der Kinderzeit. Wieder stand die Walnuß im Mittelpunkt. Im Schein der adventlichen Apfelpyramide, die älter ist als der Adventskranz, wurden sehr vorsichtig Nüsse mit einem spitzen Messer geöffnet, wie es Großvater besaß. Walnußkerne naschte man oder legte sie für die Weihnachtsbäckerei beiseite. Am Heiligen Abend verteilte man die Walnußhälften an Anwesende. Hier durfte sich jeder von der wie ein Bienenkorb aufgedrehten Wachslichtschnur 4 bis 5 cm lange Stückchen abschneiden und sie mit dem über einer Kerzenflamme geschmolzenen Wachs in die Nußschale kleben. Die Nußschalenschiffchen schickte man mit dem brennenden Wachslicht auf große Fahrt in der Wasserschüssel, die man auf dem Tisch aufgestellt hatte. Sie brachten alle guten Wünsche über den Tisch zu lieben Menschen, das Lichtlein durfte nicht ausgehen – sonst brachte es kein Glück. Zuletzt leuchtete der Weihnachtstisch noch zusätzlich mit dieser winzigen Glücksflotte.

Hier verlassen wir leise das von Weihnachtszauber und Kerzenduft erfüllte Großmutterstübel, dessen erleuchtete Fenster noch weit über den Schnee in unsere Zeit herüberstrahlen.

*

WEIHNACHTEN

Markt und Straßen steh'n verlassen,
Still erleuchtet jedes Haus,
Sinnend geh' ich durch die Gassen,
Alles sieht so festlich aus.

An den Fenstern haben Frauen
Buntes Spielzeug fromm geschmückt,
Tausend Kindlein steh'n und schauen,
Sind so wunderstill beglückt.

Und ich wand're aus den Mauern
Bis hinaus ins freie Feld,
Hehres Glänzen, heil'ges Schauern!
Wie so weit und still die Welt!

Sterne hoch die Kreise schlingen,
Aus des Schnees Einsamkeit
Steigt's wie wunderbares Singen –
O du gnadenreiche Zeit!

Joseph Freiherr von Eichendorff

Adventsspiel

BILDERVERZEICHNIS

Agnetendorf *(Jagniątków)*, Kr. Hirschberg	157
Alteichen *(Czerna Głogowski)*, Kr. Glogau	103
Alt Kohlfurt *(Stary Węgliniec)*, Kr. Görlitz	77
Arnsdorf *(Miłków)*, Kr. Hirschberg	152
Bad Flinsberg *(Świeradów Zdrój)*, Kr. Löwenberg	164
Bad Muskau, Kr. Rothenburg	78
Beuthen/Oder *(Bytom Odrzański)*, Kr. Glogau	101
Bolkenhain *(Bolków)*, Kr. Jauer	138
Brieg *(Brzeg Głogowski)*, Kr. Glogau	102
Brückenberg *(Bierutowice)*, Kr. Hirschberg	149
Bunzlau *(Bolesławiec)*	85–87
Erlendorf *(Olszyny)*, Kr. Landeshut	141
Fellendorf *(Gniewomierowice)*, Kr. Liegnitz	119
Flinsberg, Bad *(Świeradów Zdrój)*, Kr. Löwenberg	164
Fraustadt *(Wschowa)*	110
Freystadt *(Kożuchów)*	94
Friedeberg *(Mirsk)*, Kr. Löwenberg	162
Glogau *(Głogów)*	105–107
Goldberg *(Złotoryja)*	128
Görlitz	73–75
Greiffenberg *(Gryfów Śląski)*, Kr. Löwenberg	160
Gröditzberg *(Grodziec)*, Kr. Goldberg	131
Grünberg *(Zielona Góra)*	98, 99
Grüssau *(Krzeszów)*, Kr. Landeshut	142
Hirschberg *(Jelenia Góra)*	153–156
Hirschfeldau *(Jelenin)*, Kr. Sprottau	88
Isergebirge *(Góry Izerskie)*	165
Isermoor	167
Jauer *(Jawor)*	136, 137
Kauffung *(Wojcieszów)*, Kr. Goldberg	133
Klein Iser *(Jizerka)*	166, 168
Kotzenau *(Chocianów)*, Kr. Lüben	118
Krummhübel *(Karpacz)*, Kr. Hirschberg	148
Kunitz *(Kunice)*, Kr. Liegnitz	120
Lähn *(Wleń)*, Kr. Löwenberg	159
Landeshut *(Kamienna Góra)*	144
Landeskrone, Kr. Görlitz	76
Langemark *(Krzepielów)*, Kr. Glogau	104
Lauban *(Lubań)*	80
Liebenthal *(Lubomierz)*, Kr. Löwenberg	163
Liebenzig *(Lubięcin)*, Kr. Freystadt	96
Liegnitz *(Legnica)*	121–125
Löwenberg *(Lwówek Śląski)*	161
Lüben *(Lubin)*	114
Marklissa *(Leśna)*, Kr. Lauban	83
Muskau, Bad, Kr. Rothenburg	78
Neukirch *(Nowy Kosciół)*, Kr. Goldberg	129
Neusalz *(Nowa Sól)*, Kr. Freystadt	92, 93
Neustädtl *(Nowe Miasteczko)*, Kr. Freystadt	95
Nieder Baumgarten *(Sady Dolne)*, Kr. Jauer	134
Obergläsersdorf *(Szklary Górne)*, Kr. Lüben	116
Ober Pritschen *(Przyczyna Górna)*, Kr. Fraustadt	112
Ochelhermsdorf *(Ochla)*, Kr. Grünberg	100
Peterwitz *(Piotrowice)*, Kr. Jauer	135
Raudten *(Rudna Miasto)*, Kr. Lüben	115
Reifträgerbaude *(Na Szrenicy)*	158
Riesengebirge *(Karkonosze)*	151
Rosenau *(Różana)*, Gemeinde Neukirch, Kr. Goldberg	130
Rothenburg *(Czerwieńsk)*, Kr. Grünberg	97
Sagan *(Żagań)*, Kr. Sprottau	89, 90
Schlesiersee *(Sława)*, Kr. Glogau	108, 109
Schlichtingsheim *(Szlichtyngowa)*, Kr. Fraustadt	113
Schmiedeberg *(Kowary)*, Kr. Hirschberg	145
Schneekoppe *(Śnieżka)*	146
Schömberg *(Chełmsko Śląskie)*, Kr. Landeshut	143

Schönau *(Świerzawa)*, Kr. Goldberg	132
Schönberg/O. L. *(Sulików)*, Kr. Lauban	79
Schweinhaus *(Świny)*, Kr. Jauer	139
Seifersdorf *(Mściszów)*, Kr. Bunzlau	84
Sprottau *(Szprotawa)*	91
Städtisch Dittersbach *(Ogorzelec)*, Kr. Landeshut	140
Stonsdorf *(Staniszów)*, Kr. Hirschberg	147
Teich, kleiner *(Mały Staw)*	150
Tillendorf *(Tylewice)*, Kr. Fraustadt	111
Tzschocha *(Sucha)*, Kr. Lauban	82
Wahlstatt *(Legnickie Pole)*, Kr. Liegnitz	126, 127
Wingendorf *(Jałowiec)*, Kr. Lauban	81
Zedlitz *(Siedlce)*, Kr. Lüben	117

BILDNACHWEIS

Friedrich Iser: 166; Karl Justi: 89, 158; Walter Lambert: 77–88, 90–137, 139–145, 147–157, 159–164; Adolf Neumann: 146; OEP: 73–76, 138; Franz Rasch: 167; Hañs Säger: 165, 168.

ZEICHNUNGEN

A. Berger: 58; Arnold Busch: 21; F. G. Endler: 5, 9, 13 re, 24 re, 25 li, 40–43, 46, 48, 57, 61, 66, 72; Günther Grundmann: 45; Johannes Hinz: 12, 29, 30; Friedrich Iwan: 54; Bruno Koglin: 33; Bruno Lademann: 36; Loewe: 13 li, 14, 24 li, 28, 34 li; Alfred Matzker: 25 re, 39; Matthäus Merian: 49; Grete Schmedes: 44; Elfriede Springer: 34 re; F. B. Werner: 31; Verlag: übrige Vorlagen.

F. G. Endler: Flinsberg

73 Sorgfältig aufeinander abgestimmte Schmuckelemente, die in der Linienführung ausgewogen sind, zeichnen die Erkerbauten des um 1564 entstandenen GÖRLITZER Rathauses aus. Vier verschiedene Rathausflügel gruppieren sich um einen rechteckigen Innenhof, gestaltet mit Treppen, Podesten, Gängen, Sälen und Kammern, beschaulich und lebhaft zugleich wie die Menschen dieser Stadt. Unser Bild zeigt den Gerichtserker mit der Glocke, angrenzend an den Remter, dessen wunderschön bemalte Holzdecke nun wegen der dort eingerichteten Arbeitsräume etwas zurücktritt.

74 Die Stadt des Schuhmacher-Philosophen Jakob Böhme darf sich der schönsten RATHAUSTREPPE rühmen. Hier wirkte Florian Stoß, ein Sohn des berühmten Veit Stoß, als Goldschmied und Wendelin Roßkopf, der Schwiegersohn des Bildhauers und Baumeisters Albrecht Stieglitzer, als Stadtbaumeister und Ratsherr. Sie alle schmückten ihre Stadt nach spätgotischer Zeit mit vollendeter Schönheit in der Baukunst der Renaissance. Trotzdem fügt sich an der rechten Wand das Wappen des Matthias Corvinus, ein spätgotisches Meisterwerk des Albrecht Stieglitzer von 1488, harmonisch in das Gesamtbild. Der Bau der Treppe begann 1533 mit der freistehenden Säule, auf der Justitia hochaufgerichtet steht, flankiert von der edel gestalteten Kanzel. Säulen und Justitia gingen in den Kriegswirren verloren; Prof. Hempel, dem wir den Wiederaufbau des Dresdner Zwingers verdanken, hat sie neu gestaltet. Unweit dieses malerischen Winkels grüßt der Erker des Schönhofes von der Brüdergasse her, der die Jahreszahl 1526 trägt.

75 Obwohl gegen Kriegsende hart umkämpft, hat Görlitz erstaunlich viele Baudenkmäler behalten. Dazu gehört der NEPTUNSBRUNNEN am Untermarkt mit seinen Goldfischen, ein Bauwerk aus der Rokokozeit. Dort versammeln sich bauliche Kostbarkeiten der Renaissancestadt. Manches im Kriege ausgelagerte Kunstwerk hat wieder heimgefunden, wie die Pietà aus der Dreifaltigkeits- bzw. Oberkirche. Die wertvolle Sandsteinplastik »Grablegung Christi«, ein Werk Hans Olmützers von 1492, fand sich in einem kleinen Dorf. 1962 hat es Polen in restauriertem Zustand zurückgegeben.

76 Die LANDESKRONE grüßt aus spätsommerlichem Dunst über erntereifen Feldern den Reisenden aus westlicher Richtung. 427 m hoch erhebt sich der Hausberg der Görlitzer, der seit 1945 mit dem westlichen Teil der Stadt zum Bezirk Dresden gehört. Wie früher ist die Landeskrone, deren Gipfelrestaurant im romantischen Burgstil mit kühlem Bier lockt, beliebtes Ziel für Sonntagsausflüge der Görlitzer. Von der Aussichtsplattform des Hauptturmes bietet sich eine weite Rundsicht; Görlitz breitet sich auf beiden Seiten der Neiße aus, der Staatsgrenze zwischen der DDR und Polen.

77 In der Görlitzer Heide entstand KOHLFURT von 1491 bis 1499, vermutlich wegen der Vorkommen von Raseneisenerz, auf dem das 1502 an der gestauten Kleinen Tschirne begründete Hammerwerk fußte. Obwohl schon 1513 der Bischof von Meißen die Erlaubnis zum Bau einer Kapelle erteilte, entstand ein Holzbau erst fünfzig Jahre später und wurde 1687 durch den Steinbau auf unserem Bild ersetzt: eine guterhaltene Kirche mit einigen künstlerisch gestalteten Grabkreuzen. Seit Anfang des Jahrhunderts wird nahebei Braunkohle abgebaut, bereits vor dem Ersten Weltkrieg war ein Braunkohlekraftwerk in Betrieb. Seine überregionale Bedeutung erhielt Kohlfurt als Eisenbahnknotenpunkt. Die 1846 eröffnete Bahnlinie Berlin–Breslau bekam ein Jahr später eine Abzweigung in Richtung Görlitz und Dresden, nach Lauban und Hoyerswerda und löste die Handelskarawanen auf der Hohen Straße und auf Nebenhandelswegen ab. Wer nach 1945 seine schlesische Heimat für immer verlassen mußte, hat erst in Kohlfurt gewußt, ob seine Reise westwärts geht.

78 Zwei geniale Träumer setzten die Nachwelt in Entzücken: der 1785 auf Schloß Muskau geborene Fürst Hermann Ludwig Heinrich Reichsgraf von Pückler und der königliche Baumeister Karl Friedrich Schinkel. Die in einem großen Gartenwerk des Fürsten veröffentlichten künstlerischen Schöpfungen sollten in MUSKAU Gestalt annehmen. Auf sandigem Heideboden entstand eine Gartenlandschaft mit grünenden Hügeln und Baumgruppen, die mit Wiesen und Bächen abwechselten, ein Park mit einer Fläche von 540 ha, einmalig in Europa. Bad und Stadt Muskau waren einbezogen. Deutlich erkennbar sind noch die vom Prinzen Friedrich der Niederlande vorgenommenen Umbauten im Stil der niederländischen Renaissance; der Prinz hatte das Schloß dem hoch verschuldeten Besitzer 1846 abgekauft. Danach war die 27 000 ha umfassende Standesherrschaft bis 1945 Familienstiftung der Grafen von Arnim. Heute durchzieht die Oder-Neiße-Grenze den Park mit seiner zerstörten Pracht. – Doch an Fürst-Pückler-Eis laben sich begeistert jung und alt.

79 An der Straße von Görlitz nach Friedland liegt SCHÖNBERG im Kreis Lauban, Stadtgründung nach Magdeburg-Görlitzer Recht von 1268, eine Stadtanlage mit großem viereckigem Marktplatz. Die Holzlaubenhäuser mit Fachwerk gehören zu den schönsten Holzbauten des Landes, selbst wenn der Zahn der Zeit an ihnen nagt. Evangelische Glaubensflüchtlinge aus Böhmen und Schlesien erbauten hier 1651 einen neuen Stadtteil mit Marktplatz. Sehenswert ist das von 1523 bis 1527 erbaute Renaissanceschloß. »Missolan«, grob gewebt aus Wolle und Leinen, brachte den Wohlstand.

80 Wie ein furchtloser Recke ragte 1945 der Krämerturm aus den Trümmern der schwer heimgesuchten Stadt LAUBAN; er gehörte zum älteren Rathaus, erbaut von 1539 bis 1541. Die zwischen 1220 und 1230 gegründete Stadt wurde Hauptort bestehender Waldhufendörfer. Als die Lausitz an Böhmen fiel, schloß sich Lauban mit Bautzen, Görlitz, Kamenz, Löbau und Zittau 1320 zum Sechsstädtebund zusammen. Im Mittelalter war Lauban ein wichtiger Handelsplatz. Hier überquerte die Hohe Straße, die Verbindung von West nach Ost für Waren verschiedenster Art, den Queis, das heißt die Grenze von Schlesien zur Lausitz. Die Hussiten, der Dreißigjährige und nachfolgende Kriege legten den Bewohnern große Lasten auf. Man vermutet, daß der Platz bei der einstigen Nikolaikirche am Queisufer Rastplatz durchziehender Kaufleute war. Vertriebene Protestanten belebten die Wirtschaft. Laubans Blütezeit mit Bierbrauerei und Tuchmacherei lag in der Mitte des 16. Jahrhunderts. Mit »Laubaner Taschentücheln« wischte sich die Welt die Nase.

81 WINGENDORF ist der schlesische Name für »Wenig-Dorf«. Es gehörte einmal zu Kur-Sachsen. Erster Schloßerbauer soll Hermann von Salza (1675–1725), Sproß einer aus Thüringen eingewanderten Familie gewesen sein. In den Befreiungskriegen machten Franzosen, Russen und Preußen dieses Schloß unbewohnbar. 1817 erwarb es der Kaufmannsälteste Lachmann aus Greiffenberg und erbaute es 1828 neu. Eine Tochter heiratete einen Baron von Zedlitz, die andere einen Grafen Schweinitz. Das Gut wurde in eine Familienstiftung eingebracht und ist zuletzt verpachtet worden.

82 Auf drei Seiten vom Wasser der erst 1910 erbauten Talsperre Goldentraum umgeben, ist TZSCHOCHA, 1329 erstmals erwähnt, eine der schönsten Burgen des Landes. Askanier und Böhmen hatten sie zum Schutz der Oberlausitz gegen Schlesien auf einem unzugänglichen Felsen hoch über dem Queisufer errichtet. Bekannteste Burgherren dürften die Dohna (14. Jahrhundert) und Nostitz (1703–1910) gewesen sein. Hussiten, Schweden und den Zweiten Weltkrieg hat sie einigermaßen überstanden. Sehenswerte Sgraffiti an Scheunen und Torbogen (Künstler: Gütschow) sind gut erhalten.

83 Dieses Epitaph einer angesehenen Familie aus MARKLISSA im Kreis Lauban gibt Zeugnis eines erneuten wirtschaftlichen Aufschwunges vor hundert Jahren durch mechanische Spinnereien und Webereien, die nach 1925 auch Kunstseide herstellten. Karl Eduard Hoppe übte in dieser Stadt den Beruf des Lohgerbers aus, Karl Wilhelm Ernst Hoppe war Ratmann; er erlebte noch den Bau der ersten schlesischen Talsperre von Goldentraum. 45 m hoch, 8 m stark ist die Staumauer und 125 m breit an der Krone. Sie kann 15 Mio cbm Wasser fassen; damit sind die zerstörerischen Kräfte des Hochwassers im Queis gezähmt. Schon 1907 lieferte das erste Kraftwerk elektrische Energie. In Marklissa war Deutschlands älteste Kammgarnspinnerei ansässig. Sägewerke verarbeiteten das Holz des Isergebirges, und Basaltbrüche bestimmten die Wirtschaft der Neuzeit. Wer Marklissa sagt, meint Goldentraum, die romantisch gelegene Talsperre mit ihrem Wassersport und ihren Ausflugsmöglichkeiten. Nichts hat das Queistal von seinem Zauber eingebüßt.

84 Die hauptsächlich in den Vorgebirgen Niederschlesiens verbreiteten Bethauskirchen sind meist einfache Holz- oder Fachwerkbauten, mitunter beachtlichen Ausmaßes, wie hier in SEIFERSDORF im südlichsten Zipfel des Kreises Bunzlau. Schon im 17. Jahrhundert bauten sich schlesische Protestanten und böhmische Glaubensflüchtlinge Notkirchen. Denn die in der Altranstädter Konvention genehmigten Friedens- und Gnadenkirchen nach dem Westfälischen Frieden reichten bei weitem nicht für Gottesdienste im Lande aus. Auf Bittgesuche erteilte der König die Baugenehmigung.

85 Die Hohe Straße überquert in BUNZLAU, der Stadt des guten Tones, den Bober und machte die Stadt zu einem wichtigen Handelsplatz, der auf Fundstätten aus der jüngeren Steinzeit sowie der älteren und mittleren Bronzezeit erbaut ist. Der runde Neubau unseres Bildes steht an der Stelle des mittelalterlichen Obertores in Richtung Haynau; dahinter St. Mariä und rechts davon der Rathausturm. Bereits 1457 bestand ein Rathaus, das der Görlitzer Baumeister Wendelin Roßkopf mit Ratswaage und dem Prachtgewölbe des Ratskellers von 1525 bis 1535 neu im Renaissancestil erbaute.

86 Als befestigte Stadt verfügte die berühmte Töpferstadt Bunzlau 1316 über eine doppelte Mauer aus Kreidesandstein. Nach Osten zu lag das Obertor in Richtung Haynau, unweit davon die 1429 von den Hussiten zerstörte Stadtpfarrkirche ST. MARIÄ. An der gleichen Stelle erstand sie neu (1482–1493) in spätgotischem Stil; noch heute fällt sie durch ihren ungewöhnlich gestalteten Giebel auf. Aus der Langhanszeit stammt der neugotische Turmhelm; Epitaphe und Figuren sind gut erhalten. In dieser Kirche durften Protestanten von 1524 bis 1529 und von 1632 bis 1637 Gottesdienste abhalten.

87 In den Wallanlagen der Stadt Bunzlau ließ 1893 Friedrich Wilhelm III. von Preußen dieses Denkmal in Erinnerung an den Generalfeldmarschall der befreundeten russischen Armee in den Befreiungskriegen, Fürst KUTUSOFF-SMOLENSKY, errichten. Nach dem Entwurf Friedrich Schinkels führte Johann Gottfried Schadow das Denkmal in der königlichen Eisengießerei zu Berlin aus. Die Inschrift ist deutsch und in kyrillischer Schrift auf Russisch abgefaßt: »Er war der Befreier seines Vaterlandes; er war es, der den Weg bahnte zur Befreiung der Völker.« Geboren am 16. 9. 1745 in St. Petersburg und am 28. 4. 1813 in Bunzlau verstorben, war es ihm nicht vergönnt, die entscheidende Schlacht an der Katzbach (26. 8. 1813) zu erleben. Sie kostete Napoleons Streitmacht 103 Kanonen, 12000 Gefallene und 18000 Gefangene. Marschall Blücher hatte die geographische Lage genutzt und die Feinde in die Katzbach und die Wütende Neiße gejagt. Das hatte die Schlacht entschieden. Am 1. September 1813 war Schlesien vom Franzosenjoch befreit.

88 Diese guterhaltene katholische Kirche aus mächtigen Granitfindlingen mit dem angebauten spätgotischen Sakramentshäuschen wurde im 15. Jahrhundert in HIRSCHFELDAU erbaut. Die guterhaltenen Epitaphien an der linken Eingangstür geben Auskunft über die Familien der mittelalterlichen Gutsherrschaften, zu denen auch die von Knobelsdorff zählen, als deren Stammsitz das 1553 erbaute Schloß diente. Sie sind dort von 1393 bis 1620 nachzuweisen und von 1817 bis 1835. Zu der Schloßherrschaft gehörte das 1220 als Waldhufendorf zwischen Sagan und Freystadt von deutschen Siedlern gegründete Dorf mit sechs Vorwerken, das wesentlich älter ist als die Kirche. Hier bestimmten die Katholiken: Die Sprottauer Nonnen besaßen nach 1312 hier Land, die Saganer Augustiner von 1321 an, und auch das Saganer Jesuitenseminar, beschenkt mit einer Stiftung des Saganer Verwesers Johann Adam Freiherr von Garnier, bezog hier Einkünfte. Dieses frühe Seminar erfreute sich des besten Rufes als Schule.

89 Der heiligen Jungfrau Maria ist die katholische Stadtpfarrkirche in SAGAN geweiht, eine der großen Hallenkirchen aus dem 14. Jahrhundert. Sie besteht aus einem dreischiffigen Langhaus und einem einschiffigen Presbyterium, wie man die Altarnische am Ende des Chores nennt. Obwohl 1730 der große Stadtbrand auch auf die Kirche übergriff, blieb der eindrucksvolle gotische Treppengiebel erhalten. Doch dem quadratischen Backsteinturm mußte man danach eine neue Turmhaube aufsetzen. Im Innern befindet sich das Grab des 1342 verstorbenen Herzogs Heinrich IV. und einiger Äbte des Augustinerklosters; denn das Gotteshaus ist eine ehemalige Augustinerkirche. Mehrfach wurde sie den Evangelischen zugesprochen, die in ihr 1539–1551, 1557–1560 und noch einmal 1620/21 ihren Gottesdienst abhielten. Die spätere barocke Innenausstattung geht auf Martin Frantz, den »schlesischen Raffael«, zurück. Die Nachwelt darf dankbar sein, daß der Zweite Weltkrieg nicht sein ganzes Lebenswerk vernichtete.

90 Ein von den Resten einer kunstvoll gestalteten Friedhofsmauer umgebenes Bauwerk kann man in Sagan entdecken: die 1598 geschaffene naturgetreue Nachbildung des HEILIGEN GRABES in Görlitz, wie dort die von 1485 bis 1490 erbaute Emmerichsche Grabkapelle heißt. Die Saganer Ausführung gehörte zur katholischen Bergelkirche, die 1404 als Holzbau westlich des Bobers errichtet, 1440 als massiver Steinbau erneuert und im 17. Jahrhundert nochmals erweitert wurde. Trotz erheblich vernachlässigter Umgebung ist die eigenwillige bauliche Schönheit immer noch zu erkennen.

91 Das SPROTTAUER Rathaus in der 1945 zur Hälfte zerstörten Kreisstadt im Mündungsdreieck zwischen Bober und Sprotte besitzt ein ungleiches Turmpaar: der rechte Turm mit seinen achteckigen Aufbauten stammt aus der Zeit von 1536–1592, der kleinere barocke Uhrturm ist ein Werk des Baumeisters Martin Frantz, erbaut 1729–1732. Die Stadt breitet sich auf frühgermanischem Siedlungsgebiet aus, was Funde aus der jüngeren Steinzeit belegen. Herzog Konrad II. von Glogau vollzog 1254 die deutsche Stadtgründung nach Magdeburg-Halleschem Recht. Mit zwei Stadttoren und drei Pforten ist Sprottau angelegt und mit dreißig fränkischen Hufen Bürgerwald, Viehweide und eigenem Meilenrecht ausgestattet worden – ein wichtiger Handelsplatz, worauf die 1299 erhaltene Zollfreiheit, ein Salzmarkt (1304) mit Eichrecht und das Münzrecht der Jahre 1407 und 1419 hinweisen. Seit jeher galt Sprottau als wohlhabende Stadt, die sich durch den Handel mit Getreide und Salz einen Namen machte. Im Mittelalter legte sie mit ihrer Tuchmacherzunft Ehre ein.

92 Im mittelalterlichen Schlesien kam das Salz aus Krakau über die Hohe Straße. Deshalb ließ Kaiser Ferdinand I. 1592 das Kammergut »Zum Neuen Saltze« dort errichten, wo die Oder noch gut schiffbar war. Salz aus Frankreich und Spanien wurde nun in der neuen Salzsiederei verarbeitet. Es gab religiöse Spannungen; so ist die Michaeliskirche (unser Bild) 1654 rekatholisiert worden. Stadtrecht erhielt diese Ansiedlung erst 1743 durch Friedrich II. Als die Herrnhuter Brüder 1747/48 eine Kolonie gründeten, blühte Neusalz auf. Pinsel- und Bürstenfabrik, Gießereien und Emaillewerke.

93 Für die Schiffahrt ist die Oder bei Neusalz, unweit des 1898 angelegten Binnenhafens, erst zu nutzen, wenn in einem so flach verlaufenden Fluß in der Fahrrinne eine gleichbleibende Wassertiefe gewährleistet ist. Hier erreicht man das durch gegenüberliegende, keilförmig auslaufende Buhnen. Der schlesische Dichter Paul Keller beschreibt die Oder als ein edles Bauernweib, das mit stillen, sicheren Schritten, voller Kalk- und Kohlenstaub auf den Kleidern, für ihre Kinder Kohle, Holz und Getreide schleppend, durch die Lande geht. Die Eisenbetonbrücke wurde 1945 gesprengt.

94 »Dreigräben« nennt sich die Landschaft der Grenzwälder nördlich Sagans, gerodet von deutschen Bauern, die sich auf Ackerbau verstanden. 1220, in der Zeit Konrad I. von Glogau, entstehen die Waldhufendörfer Siegersbach und Siegersdorf mit einer Dorfkirche, deren Pfarrer Heinrich von Cosuchow 1273 erwähnt wird, ein Krankenhospital »Zum Hl. Geist« wird 1280 erbaut und dem Deutschen Orden übergeben, der 1287 das ius patronatus ecclesiae in »Wrigenstat« verliehen erhält. Erst dann taucht die mächtige Hallenkirche unseres Bildes aus der Vergangenheit auf: die katholische Stadtpfarrkirche St. Mariae, 1295 erbaut, die mit dem achteckigen Turm auffällig die Häuser der FREYSTÄDTER Kirchstraße überragt. Ihre Erbauung ermöglichte eine großherzige Stiftung, was zwei Altäre von 1300 bezeugen. Großbrände von 1488, 1554 und 1637 zerstörten immer wieder die Kirche. 1945 wurde diese Stadt zu 70 v. H. = 687 Gebäude zerstört; deshalb hat der Blick auf St. Mariae viel Tröstliches an sich: Es gibt alte Mauern, die nicht wanken.

95   Die Weißfurt ist ein kleines, der Oder in nördlicher Richtung zueilendes Nebenflüßchen, an dem NEUSTÄDTEL im Kreis Freystadt liegt, einst ein blühendes Ackerbürgerstädtchen an der Fernhandelsstraße Crossen–Breslau, angelegt mit einem viereckigen Ring und vier Stadttoren, jedoch ohne wehrhafte Befestigungen. Vor 1490 war es Markt- und Gerichtsort und Salzmarkt für zehn umliegende Dörfer, wie das einzeilige Waldhufendorf Lindau an der Weißfurt. Aus solchem Umland entwickelte sich »das neue Städtel«. Wirtschaftliche Blüte erstickte immer wieder in großen verheerenden Bränden und unter dem Religionsdruck der Jesuiten. Diese hatten im 14. Jahrhundert beim Glogauer Tor ein Hospital gegründet und gleichzeitig die St. Konradskirche erbaut. Beides steht nicht mehr. Doch das gut erhaltene Bethaus von Neustädtel (unser Bild) erzählt die Geschichte der Protestanten, die bis 1741 Gottesdienste in der Umgebung besuchen mußten, ehe 1744 dieser Bau entstand, den seit 1887 ein wuchtiger Turm schmückt.

96 LIEBENZIG im Kreis Freystadt beherbergt diese schöne evangelische Fachwerkkirche im Bethausstil, 1747 eingeweiht nach der von Friedrich II. den Schlesiern zugesicherten Religionsfreiheit. Bis dahin diente eine Scheune als behelfsmäßiges Gotteshaus. Im Gegensatz zur äußerlichen Schlichtheit der Kirche überrascht ihre reichgeschnitzte Innenausstattung. Korinthische Säulen und Kapitelle tragen das gewölbte Dach. Die Glocken sind in einem gesonderten Turmbau untergebracht, da die Bethäuser keine Türme haben durften. Das schmückende Dachtürmchen folgte später.

97 In ROTHENBURG, Kreis Grünberg, im nördlichsten Zipfel des Landes, wo die Oder bei Läsgen und Thiemendorf sich hinüber ins Brandenburgische begibt, steht die erste, 1690 erbaute Grenzkirche Niederschlesiens. Früher hieß dieser Ort Nettkow, gehörte zu Brandenburg und wird 1329 erstmals als Lehen der Herren von Rothenburg erwähnt und 1816 in das preußisch gewordene Schlesien eingemeindet. Einst siedelten um das 1550 erbaute Jagdschloß des Sebastian von Rothenburg Lohgerber, Tuchmacher, Pantoffelmacher und Weinbauern. Diese von Palisaden umgebene und mit drei Toren versehene Siedlung hieß Neu Nettkow. Nicht nur Gläubige aus einem weiten Umkreis, sondern eben auch Siedler zog die Grenzkirche an, da 1690 Kurfürst Friedrich III. von Brandenburg dem Dorf Stadt- und Marktrecht gewährte. Gleichzeitig wurde der Ortsnamen in den Namen des Grundherrn »Rothenburg« umgeändert. Die Tuchmacher bildeten damals die stärkste Zunft. Später gab es hier eine Mützenfabrik und eine Wollwäscherei.

98 Eingebettet in die sanften Höhen zwischen Bober und Oder, reiht sich bei GRÜNBERG ein fruchtbarer Obstgarten mit Birnen, Äpfeln, Pflaumen und Beerensträuchern an den anderen. Hier reift ein – sogar von Dichtern bespöttelter – herber Wein heran, den fränkische und Rheingauer Siedler einst mit ins Land gebracht hatten und mit ihm die fröhlichen Weinlesefeste und die gelöste Heiterkeit. Der Grünberger »Bürgerweinschank« gestattete jedem Weinbergsbesitzer, im Jahr drei Monate den selbstgekelterten Wein steuerfrei auszuschenken. Erste deutsche Sektfabrik aus dem Jahre 1824.

99 Heiter, wie es sich für eine Weinstadt gehört, zeigt sich Grünbergs RATHAUSPLATZ von der besten Seite. Die Stadt ist auch berühmt wegen der ersten deutschen Sektfabriken und gutem »deutschem« Cognac. Darüber vergißt man oft die Glanzzeit der Stadt, als die Grünberger auf 700 Webstühlen feinstes Wolltuch herstellten. Die Wolle bezogen sie aus der Nachbarschaft und aus Polen. In den Händen der Grünberger Zünfte befanden sich die Walkereien. Viererlei Qualitäten besten Wolltuches kamen von hier. Nach Adams sei das Grünberger dem englischen Tuch ebenbürtig.

100 Wer möchte wohl hier nicht »dorchs Goartaterla neigiehn an sahn, ob der Nupper derheeme ies?« Vielleicht sind die Äpfel reif an den beiden vollhängenden Bäumen zwischen den Bienenhäuseln? Die Kiefern weisen auf Nordschlesien hin, wo ein strohgedecktes Dach, der einfache Brettgiebel und die langstrebige Umgebindebauweise typisch für die Landschaft sind. Dunkel hebt sich die Balkenlage des Wohnteiles ab von dem mit Strohlehm gefüllten Gefache zwischen leuchtend weiß »gekälkten« Umgebindeständern im Wohnhaus des Freilichtmuseums von OCHELHERMSDORF.

101 Die Fassade des Löwen in BEUTHEN/Oder, im Volksmund »Kuhbeuthen« genannt, zeugt von alter Pracht. Hier bestimmte die Oderschiffahrt, genauso wie die Lehren Luthers, das Leben. Georg Freiherr von Schönaich gründete 1601 das »Gymnasium academicum« mit zwölf Lehrstühlen für lutherische Theologie. Man nannte ihn den »Kanzler von Schlesien«. Als Student setzte sich 1617 Martin Opitz für die Verwendung der deutschen Muttersprache in der Literatur ein. – Am 22. März 1903 wurde hier der Dichter Jochen Klepper als Sohn eines evangelischen Theologen geboren.

102 An der Glogauer Bahnlinie zwischen Herrndorf und Beuthen liegt in der fruchtbaren Oderebene das kleine Dorf BRIEG. Wer über die abgeernteten Felder streift, kann dieses Bildstöckchen entdecken, geschmückt mit den Blumen des Sommers und einem Erntestrauß. Das Idyll mutet an wie ein Märchen aus alter Zeit, als an den Rändern der Kornfelder noch Mohn- und Kornblumen und im Gras die weißen Margeriten blühten. Vielleicht spricht das »Marterl« für den Sieg des katholischen Glaubens nach den Wirren der Reformation und dem Erfolg der Jesuiten in der Gegenreformation.

103 Schloß ALTEICHEN gilt als besterhaltener Profanbau aus der Mitte des 16. Jahrhunderts im Kreis Glogau. Früher hieß der Ort Klein Tschirne. Unser Bild zeigt eine Seitenansicht des Schlosses mit zwei auffälligen Renaissancegiebeln und dem wehrhaften, 1558 erbauten Turm. Die umliegenden Güter Tschirne, Weckelwitz und Doberwitz sowie das auf der östlichen Oderseite liegende Klein Skeyden gehören zur Herrschaft. Ritter Wolf von Glaubitz, Angehöriger des im Fürstentum ansässigen Adels, hatte den Grund für seinen Schloßbau erworben. 1568 fand Wolf im 3 km entfernten Brieg eine Ruhestätte, worauf ein noch erhaltener Grabstein hinweist. Sein heutiges Aussehen verdankt das Schloß den Umbauten von 1721 und 1831. Oft wechselten die Besitzer, meist Nachbarn wie die Fürsten Schönaich-Carolath und Lynar, aber auch ein Herr d'Orville. Nach den napoleonischen Zeiten folgten 1830 die Freiherren von Buddenbrock. Letzter Besitzer der Güter Klein Tschirne und Doberwitz war Theodor Fritzsche.

104 Dieser Kirche von LANGEMARK im Kreis Glogau möchte man eine sorgsame Restaurierung wünschen und den überwucherten Gräbern eine barmherzige Hand. Aus Feldsteinen bestehen der wuchtige Turm und das große Kirchenschiff. Beide haben den Verwüstungen besser standgehalten als der angebaute kleinere Teil und das Sakramentshäuschen aus Backstein. Es ist eine sehr frühe Kirche der ersten Kolonisten, wie sie sich als spätromanische Bauten im Bober-Katzbach-Gebiet hinziehen. Die Spuren des erbitterten Kampfes um die Festungsstadt Glogau sind hier sichtbar.

105 Grünanlagen verdecken am GLOGAUER Schloß die schmerzlichen Spuren von 1945. In dem Sonett »Tränen des Vaterlandes« verewigte, für uns zeitnah, der Glogauer Barockdichter Andreas Gryphius (1616–1664) die Schrecken des Krieges: »Hier durch die Schanz und Stadt rinnt allzeit frisches Blut./Dreimal sind schon sechs Jahr, als unser Ströme Flut,/von Leichen fast verstopft, sich langsam fortgedrungen;/doch schweig ich noch von dem, was ärger als der Tod,/was grimmer denn die Pest und Glut und Hungersnot:/Daß auch der Seelen Schatz so vielen abgezwungen.«

106   Das Giebelfeld am Mittelbau des zwischen 1908 und 1911 erbauten Glogauer Justizgebäudes, das den Kriegszerstörungen entging, schmückten früher symbolische Figuren aus der Welt des Rechts. Der säulengetragene Mittelbau erhebt sich über historischer Stelle: Diesen Weg nahmen die Besatzungssoldaten, als sie 1814 die Festung Glogau in Richtung Wallgraben verließen. Die Unterlagen des im Ostflügel untergebrachten Grundbuchamtes sollen bis 1750 zurückgereicht haben und waren damit die ältesten Aufzeichnungen eines preußischen Grundbuchamtes überhaupt.

107 Nach Beendigung des Dreißigjährigen Krieges im Frieden von Münster und Osnabrück (1648) erhielten die schlesischen Protestanten die Erlaubnis, drei Friedenskirchen in einfachster Holzbauweise zur Ausübung ihres Gottesdienstes zu erstellen. Eine davon wurde in Glogau außerhalb des Stadtgebietes erbaut, wie es die Vorschrift vorsah. Von Anfang an war sie die bescheidenste der drei Friedenskirchen, gemessen an Schweidnitz und Jauer, die 8000 und 6000 Gläubige aufnehmen können und die Zeit überdauert haben. Die von Glogau wurde zweimal durch Brand zerstört: beim großen Stadtbrand 1758, und eben 1945. Seitdem fehlen ihr beide Turmspitzen. Nach dem Stadtbrand wurde die Kirche in die Innenstadt verlegt und durch Carl Gottfried Langhans (* 1733 in Landeshut) neu aufgebaut. Mit ihm, dem ersten klassizistischen Baumeister Preußens, ging die Zeit des schlesischen Barocks zu Ende. In dem noch nicht wieder voll restaurierten Kirchenbau scheinen noch barocke Formen und Strenge miteinander zu ringen.

108 Ganz selten grüßen im Schlesierland noch so viele alte, leuchtend rote Ziegeldächer wie in dem Städtchen SCHLESIERSEE am Ostrand des gleichnamigen Sees. 1312 erstmals erwähnt, war es von 1331 bis 1526 böhmisch, habsburgisch bis 1742, dann preußisch und hieß bis 1937 Schlawa; heute heißt es wieder so. Sehenswert ist der mittelalterliche Bau der katholischen Pfarrkirche St. Michael wie auch das 1735 neu errichtete Barockschloß der Grafen von Haugwitz. Die evangelische Trinitatiskirche von 1743 wurde 1834–1836 erneuert. Fischerei und Ackerbau bestimmen die Wirtschaft.

109 Am Rande des Glogau-Baruther Urstromtales breitet sich in sumpfiger Oderniederung auf zehn Kilometer Länge der SCHLESIERSEE aus, größter aller schlesischen Seen. Die leise Schwermut der Ebene liegt darüber und verleiht ihm einen Hauch von Melancholie. Laut sind hier nur die Wasservögel am Beginn der Paarungszeit, ihr Paradies ist heute wenig gestört. Mancherlei Wasserpflanzen haben sich erhalten: Froschlöffel und Froschbiß, Wassernuß und Wasserfenchel, Pfeilkraut und Blumenbinse. Korb- und Purpurweiden liefern reichlich Material für die Korbwarenherstellung.

110 Große und kleine Teiche oder Seen gehören zum Landschaftsbild Niederschlesiens. FRAUSTADT, im 13. Jahrhundert gegründet, war im Januar 1945 hart umkämpft, blieb jedoch fast unversehrt. Seine große Zeit hatte es in der Reformation, wo sich die Bürger überzeugt für den lutherischen Glauben entschieden, so daß die Gegenreformation hier wirkungslos blieb und viele Glaubensflüchtlinge Zuflucht und Schutz fanden, darunter der Dichter Andreas Gryphius. Jahrhunderte später lebte Anna Luise Karsch, Preußens patriotisch-pathetische Dichterin, einige Jahre hier.

111　Inmitten von Kornfeldern steht die TILLENDORFER Windmühle und sieht weit hinein ins Grenzland des Kreises Fraustadt. Namen wie Neuguth und Kaltvorwerk weisen auf Gutshöfe und große Ländereien hin, wo von Horizont zu Horizont goldgelbes Korn reift. Weizen hingegen benötigt besten Ackerboden, den die Fruchtebene auf der linken Oderseite anbietet. Wieviel Mehl mag in dieser Mühle gemahlen worden sein? Über hunderttausend Tonnen Getreide wurden 1910 in Schlesien zu Mehl verarbeitet, Roggen für das tägliche Brot. 472 Bierbrauereien »dürsteten« nach Gerste.

112 In OBER PRITSCHEN steht diese altehrwürdige Kirche. Urkundlich wird das Dorf Pritschen schon 1210 erwähnt. Damals wie heute besteht es aus einem Ober- und einem Niederdorf, in dessen Mitte später die Kreisstadt Fraustadt entstanden ist. Da der Kreis an das damalige Großpolen angrenzte, änderte sich die Zugehörigkeit Pritschens wiederholt, bis ihm 1273 Herzog Przemysl II. von Großpolen deutsches Recht verlieh. Das kirchliche Leben bestimmten die Fraustadter Jesuiten, doch Luthers Lehren faßten durch den Pastor Melchior Teschner († 1635) hier Fuß.

113   Auf Schritt und Tritt begegnet man den Auswirkungen der Reformation mit ihren Verfolgungen und der Neuansiedlung von Glaubensflüchtlingen. Die kleine Stadt SCHLICHTINGSHEIM im Kreis Fraustadt gehört dazu: 1644 nach deutschem Recht von Johann Georg von Schlichting gegründet, nach ihm benannt, Zufluchtsort für verfolgte Evangelische aus den schlesisch-böhmischen Grenzgebirgen. Diese schöne alte, evangelische Fachwerkkirche wurde 1645 im Dreißigjährigen Krieg, ein Jahr nach der Stadtgründung, erbaut. In einer Art verspäteter Gegenreformation wird darin seit 1945 katholischer Gottesdienst abgehalten. Die Protestanten machten aus Schlichtingsheim ein blühendes Handwerkerstädtchen, dem 1653 der polnische König das Niederlassungsrecht für alle Handelswaren zubilligte, die bei Schlichtingsheim die schlesisch-polnische Grenze passieren. Die Grenznähe brachte verschiedene Hoheiten: 1793 bis 1806 Preußen, 1815 erneut Preußen, später Provinz Posen (1920) und sogar Posen-Westpreußen, 1938 wieder schlesisch.

114 Am Ostrand der niederschlesischen Heide liegt LÜBEN. Von der 1259 nach Magdeburger Recht gegründeten Kolonistenstadt war nach den furchtbaren Kämpfen von 1945 nicht viel übrig geblieben. Nach dem Neuaufbau entdeckte man große Kupfervorkommen in 700 m Tiefe, deren Abbau heute das wirtschaftliche Leben bestimmt. Das abgeschlagene Jesulein von Veit Stoß fand der Lübener Pfarrer Rudolf Irmler in den Trümmern der alten Kirche. Er nahm es mit auf die Flucht und hütete es 27 Jahre lang, um es 1972 der Mutter Gottes wieder in den Arm legen zu können.

115 In RAUDTEN wurde 1585 der zum kaiserlichen poeta laureatus gekrönte Kirchenliederdichter Johannes Heermann geboren. Seine Werke haben die Zeiten überdauert. Das Ackerbürgerstädtchen soll schon im Jahr 1270 durch Herzog Konrad I. von Glogau gegründet worden sein. Tuchmacher siedelten sich an; 1787 hatten sich noch 67 von ihnen behauptet. Später prägten Unternehmen die Wirtschaft, welche die Erträge der fruchtbaren Äcker ringsum zu Konserven oder Kartoffelflocken verarbeiteten, liegt doch Raudten im Herzen des niederschlesischen Gemüse- und Obstanbaugebietes.

116 Das großzügig angelegte Schloß in OBER GLÄSERSDORF im Kreis Lüben entstand in der Zeit der letzten Barockbaumeistergeneration, die um 1740 zu Ende ging. Vor der preußischen Herrschaft hatte sich Schlesien in der Kunst dem Süden geöffnet. Italienische, alpenländische und böhmische Baumeister prägten mit einheimischen eine schlesische Sonderform der Barockkunst. Zu ihnen gehört der in Gmünd in Kärnten geborene Blasius Peintner, dem dieser Schloßbau (1715–1725) zugeschrieben wird. Die Wandlung in der schlesischen Baukunst erlebte Peintner († 1732) nicht mehr.

117 Die gepflegte alte Zedlitzer Backsteinkirche besticht durch ihre hochstrebenden Spitzdächer. ZEDLITZ liegt eingebettet in fruchtbares Ackerland an einer alten Zollstraße zwischen Steinau und Lüben, heute eine gute Verbindungsstraße. Als Familienname hat Zedlitz Berühmtheit erlangt. Der in Schwarzwaldau 1731 geborene Karl Abraham von Zedlitz setzte sich als preußischer Kultusminister für das Volksschulwesen ein; Abiturienten haben ihm ihren Abschluß zu verdanken. Als preußischer Justizminister lehnte er die im Prozeß gegen den Potsdamer Müller von Friedrich II. geforderte Bestrafung ab. Jener hatte sich geweigert, seine Mühle abreißen zu lassen. Joseph Christian Freiherr von Zedlitz, 1790 auf Schloß Johannesberg geboren, gehörte zu den Dichtern der Spätromantik mit Lyrik, Dramen, Balladen und sogenannter »Butzenscheibenromantik«. Unweit von Zedlitz liegt Ossig, Geburtsort Caspars von Schwenckfeld, eines schlesischen »Ketzers« und Schwärmers lutherischer Lehren, den die Obrigkeit bekämpfte.

118 Bei Kriegheide stoßen der Kotzenauer, Primkenauer und Bunzlauer Forst zusammen. Heideland und Kiefernwald umschließen hier und da ein Sumpfgebiet, in dem sich seltene Vögel und Amphibien halten. Durch Abscheidung aus offenen Gewässern oder dem Grundwasser sumpfiger Landschaften bildete sich ein phosphorsäurehaltiger Brauneisenstein, das Raseneisenerz, auch Wiesen- oder Sumpferz genannt, dessen sich menschlicher Erfindergeist schon früh zur Eisengewinnung bediente. Hier baute man es ab. Als Ort und Burg des Herzogs Bolko I. von Schweidnitz wird KOTZENAU erstmals um 1300 erwähnt. An der Stelle der Burg wurde später in den Jahren 1728–1732 das herrliche Barockschloß erbaut, das mit dem benachbarten Schloß Brauchitschdorf zu den schönsten schlesischen Barockschlössern gerechnet und dem nordischen Barockbaumeister Martin Frantz zugeschrieben wird. Die einstmals sehr schöne Kirche gehört zu Kotzenaus sehenswerten Bauwerken; ein wenig Restaurierung stünde ihr gut zu Gesicht.

119 Bildstöcke, abseits von Siedlungen und mitten in der grünen Flur, haben ihre eigene Geschichte. Dieser hier ähnelt eher einem grob behauenen und verwitterten Sühnekreuz oder einem Überbleibsel aus heidnischer Vorzeit als einem Zeugnis katholischen Glaubens. Jemand hat den Platz bepflanzt und den Stein mit Blumen geschmückt. Seit der Mongolenschlacht von 1241 steht er auf blutgetränktem Boden bei FELLENDORF im Kreis Liegnitz. Ganz in der Nähe heißt eine Bodenerhebung Kriegberg. Nur allein der Wind weiß, wer hierher zu einem stillen Gedenken kommt.

120 Zu den beliebtesten Liegnitzer Ausflugszielen gehört der KUNITZER SEE. Auf der Möweninsel in Seemitte brüten Kolonien von Seevögeln. Sobald in der Nähe der Spargel reifte, machten Feinschmecker Jagd auf Möweneier und Naturschützer Jagd auf Feinschmecker. Petri Heil den Anglern: Karpfen, Schleien, Karauschen, Barben, Rotaugen und Weißfische könnten anbeißen. Alte Hechte und winzige Stichlinge betreiben im See Piraterie, ebenso die an den Ufern brütenden Reiher. Nur Gevatter Storch schätzt andere Delikatessen; er findet sie reichlich auf den feuchten Wiesen.

121 Der Große Ring in LIEGNITZ zeigt die alten Heringsbuden in der Mitte mit neuem Gesicht: Nach 1945 entdeckte Laubengänge sind freigelegt worden. Im Vordergrund der einstigen Gartenstadt erhebt sich das alte Rathaus mit der selten vorkommenden doppelten Freitreppe, entstanden von 1737 bis 1741. Wegen der Schlesischen Kriege konnte es nicht gleich vollendet werden. Barockbaumeister Martin Frantz, Erbauer verschiedener schlesischer Gnadenkirchen, verewigte sich hier mit seiner Kunst. Er konnte nicht ahnen, daß der grüne Turmhelm erst 1929 aufgesetzt werden würde.

122 Auch heute beherbergt Liegnitz noch einmalige Renaissance-Wohn- und Geschäftshäuser in der Stadtmitte. Dazu gehört der WACHTELKORB, erbaut in der zweiten Hälfte des 16. Jahrhunderts, liebevoll so genannt wegen seines entzückenden Erkers. Die Bildfriese in Sgraffitomalerei zeigen den Triumphzug der Ceres, eine Hirschjagd, eine verkehrte Welt, wo Hunde und Hasen ein Gelage feiern, allegorische Figuren und Ornamente. Nicht weniger auffällig ist das Stadtschreiberhaus am Großen Ring, schönstes Patrizierhaus aus der Frührenaissance, aus dessen Fenstern Napoleon hinabsah. Von seinem Keller soll ein Gang zum Rathaus geführt haben. Es gehörte Ambrosius Bitschen, Stadtschreiber von 1420, enthauptet 1454, weil er die Liegnitzer aus der Lehnsherrschaft der Piasterherzöge befreien wollte. Berühmt sind auch die sieben Heringsbuden am Großen Ring, schmale Geschäftshäuser mit sgraffitogeschmückten barocken oder klassizistischen Giebeln und Firmenschildern wie »Blütnerei« oder »Rollstube«.

123   Die JOHANNISKIRCHE zu Liegnitz ist eine bedeutende schlesische Barockkirche, nach Einsturz des Gewölbes und Abriß der historischen Vorgängerin von 1294 von einem unbekannten Ordensmann nach dem Vorbild des Klosters Banz erbaut. In ihrer »Fürstengruft« ruhen die Piasten. Vor dem Neuaufbau war die Johanniskirche eine gotische Kirche mit hohen Fenstern und steilem Dach. Luthers Lehre verkündete hier 1522 der »Graue Mönch« Sebastian Schubert. In ihrer Südkapelle ruht der Schulreformer Valentin Trotzendorf, ebenso wie der feine Ritter Hans von Schweinichen.

124 Auf dem Boden des 1945 ausgebrannten Liegnitzer SCHLOSSES, einstmals Sitz schlesischer Piastenherzöge, stand in grauer Vorzeit zwischen Katzbach, Schwarzwasser und den Sümpfen im Süden eine Burg mit Holzbauten, umgeben von Holz-Erde-Wällen. Aus der Regierungszeit Herzog Heinrichs I. (1201–1238), stammen die beiden wehrhaften Türme: der runde Hedwigsturm und der achteckige Petersturm, wobei die aufgesetzten Bauteile erst 1416 hinzukamen. Die Festungsbauweise dieser Jahre fußte auf den bitteren Erfahrungen des Mongoleneinfalls. 1548 wurde die Liegnitzer Burg in ein herrliches Renaissanceschloß umgebaut und erweitert. Ihr berühmt gewordenes Nordtor, Zeugnis schlesischer Renaissance, stammt aus dieser Periode. Georg von Amberg gestaltete es mit den Darstellungen Herzog Friedrichs I. und seiner Gattin Sophia von Ansbach. Höchste kulturelle Blüte erlebte das Schloß unter Herzog Georg Rudolf um 1600. Die »Bibliotheka Rudolphina« ist sein Werk, desgleichen die herzogliche Johannisstiftung.

125   1677, mitten im Barockzeitalter, herrschte in Schlesien, beeinflußt von Prag und Wien, lebhafte Bautätigkeit. Bisher hatte die Kartäuserkirche als herzogliche Grablege gedient. Kein Geringerer als der schlesische Barockdichter Caspar von Lohenstein riet der Herzogin, Luise von Anhalt, Mutter Herzog Georg Wilhelms, zu diesem ungewöhnlichen Anbau als FÜRSTENGRUFT für die letzten piastischen Nachkommen. Das »Monumentum Piasteum« zeigt einen Anbau, in dem ein Kuppeldach die Nischen mit den Sarkophagen überwölbt. An der künstlerischen Ausschmückung fallen die vier Alabasterfiguren des Bildhauers Matthias Rauchmüller aus Radolfzell auf, die den fünfzehnjährig verstorbenen regierenden Herzog Georg Wilhelm von Liegnitz, Brieg und Wohlau, seine Mutter, Herzog Christian und Herzogin Charlotte zeigen. 1698 erhalten die Jesuiten die Johanniskirche zugesprochen, 1714–1727 wird sie zu einer der bedeutendsten Barockkirchen umgebaut. Obwohl 1744 das Gewölbe einstürzt, bleibt die Gruft erhalten.

126 Die Portalseite der Klosterkirche zu WAHLSTATT ist in voller Schönheit auf dem Titelfoto abgebildet. Die ganze Kirchenanlage vermittelt den Eindruck eines vollendeten Bauwerkes ohne fremde Stilelemente. Seine reiche barocke Pracht im Kirchenschiff (unser Bild) verdankt dieser Klosterneubau der Schmuckfreude der Benediktiner, die der Nachwelt Leubus und Grüssau schenkten. Als die hl. Hedwig 1241 nach der Schlacht bei Wahlstatt den abgeschlagenen Kopf ihres Sohnes fand, gelobte sie, hier eine Benediktinerabtei zu stiften. Auf der einst wohl eher bescheidenen St. Hedwigskapelle erhebt sich nun dieser Prachtbau. Denn nach dem Aussterben der Liegnitzer Piasten festigte sich der Einfluß der katholischen Kirche wieder. Braunauer Benediktiner, nach der Zerstörung ihrer Klöster durch die Hussiten 200 Jahre ohne Bleibe, kamen gern dem Ruf des Liegnitzer Benediktinerpropstes Mayer nach. So ließ der baufreudige Braunauer Abt Othmar Zinke von 1723 bis 1731 das Kloster Wahlstatt erbauen.

127 Die Deckengemälde über dem Hochaltar der Klosterkirche von Wahlstatt sollten nach der Vorstellung des Abtes Othmar Zinke das heroische Thema der Mongolenschlacht fortsetzen. Während der flämische Hofmaler des Breslauer Fürstbischofs, Franz de Baker, das Altarbild in einer Rubens ähnlichen Tradition malte, wurden Deckengemälde und Fresken dem aus Benediktbeuren stammenden Maler Cosmas Damian Asam übertragen. Kaum eine andere seiner Schöpfungen, ob in Weingarten, Prag, Bruchsal oder Mannheim, ist so tadellos erhalten wie jene in der Wallfahrtskirche zu Wahlstatt. Nach den Vorstellungen des Abtes mußten sich darin der Missionsgedanke des hl. Benedictus, die Ordensgründung auf Monte Cassino bis hin zum Heldendrama der Schlacht bei Wahlstatt finden. Selbst ein Hinweis auf die Klosterstiftung durfte nicht fehlen. Dargestellt in würdevollem Schmerz, erteilt Hedwig den Opatowitzer Benediktinern den Gründungsauftrag und überreicht Reliquie und Bauzeichnung.

128　Aus großer Zeit GOLDBERGS (heute etwa 13 000 Einwohner) erhalten ist dieses Portal, wie die Kirche St. Mariä 1220 erbaut: ein romanischer Kirchenbau, 1269 im gotischen Stil erweitert, wie damals als Übergangsform üblich. Des Goldes wegen, das man aus den Flüssen wusch, hieß die Stadt in alter Zeit »Mons Aurum« und zog deshalb die Siedler magisch an. Schon 1211 mit Magdeburg-Breslauer Recht ausgestattet, wurde Goldberg Mittelpunkt des Wirtschafts- und Geisteslebens im Katzbachtal. Seit Gründung der Stadt ist dort das Tuchmachergewerbe zu Hause, später kamen Brauereien, Papier- und Zigarrenfabriken dazu, auch Hüte sowie Möbel- und Polsterwaren wurden hergestellt. Der Abbau von Kupfererzen und Basalt hat vom Mittelalter an die Stadt geprägt. Valentin Trotzendorf, 1490 als Valentin Friedland in Troitschendorf bei Görlitz geboren, Pädagoge und Schulreformer, verfaßte 1546 als Rektor der Lateinschule zu Goldberg eine später überall eingeführte Schulordnung; deshalb »Praeceptor Germaniae« genannt.

129 Einst erhob sich zwischen Kupferberg und Bolkenhain die gefürchtete Raubritterburg Nimmersatt. Unweit davon entspringt die durch eine Schlacht berühmt gewordene Katzbach. Sie mündet nach 98 Kilometern Lauf hinter Parchwitz in die Oder. Dort schlug in den Befreiungskriegen 1813 Marschall Vorwärts, der legendäre alte Blücher – der ranging wie Nettel an die Gänse – die Franzosen. In dieser Flußaue grüßen die Häuser von NEUKIRCH bei Goldberg, das sich rühmen kann, mit der Kirche und dem Torhaus zum Rundfriedhof ein spätromanisches Baudenkmal zu besitzen.

130 In der nur halb so hoch wie das Riesengebirge ansteigenden Landschaft des Bober-Katzbach-Gebirges finden sich hier schon die großen, für das fruchtbare schlesische Ackerland so typischen Gutshöfe, die oft mehrere hundert preußische Morgen (je 25,23 a) unter dem Pflug hatten. Oft sind sie den Ortschaften vorgelagert wie das Gut in ROSENAU bei Neukirch an der Katzbach, inmitten von Kornfeldern, Kartoffel- und Rübenäckern, dessen Ständerfachwerk mitteldeutscher Bauweise entspricht. Leuchtend gelb zieht sich die Rapsblüte durchs Land, Nahrung für viele Bienenvölker.

131   Zwischen Goldberg und Bunzlau erhebt sich der Basaltkegel des 389 m hohen GRÖDITZBERGES am Nordrand des Bober-Katzbach-Gebirges mit den Resten einer einst stattlichen Burg. Weit sieht der trutzige Eckturm hinaus ins schlesische Land, dessen mittelalterliche Geschichte hier ihren Anfang nahm: Herzog Boleslaus der Lange hat 1175 den Stiftungsbrief für das Kloster Leubus ausgeschrieben; die von ihm erwünschte Besiedlung mit deutschen Handwerkern und Bauern konnte beginnen. Sein Werk setzten sein Sohn, Herzog Heinrich I., und seine aus Andechs stammende Gattin, die spätere hl. Hedwig, fort. Auf dem Gröditzberg stand vermutlich in vorchristlicher Zeit eine Burg. Der Görlitzer Baumeister Wendelin Roßkopf wurde Anfang des 15. Jahrhunderts beauftragt, die Burg zu erneuern und einzurichten. Es war die hohe Zeit der Ritterspiele innerhalb der Burgmauern. Der Dreißigjährige Krieg und seine Folgen schlugen Wunden. Albrecht von Wallenstein nahm 1633 die stark befestigte Burg ein.

132 Eingebettet in die Landschaft des Bober-Katzbach-Gebirges ein anmutiges Landstädtchen: SCHÖNAU, gegründet 1241 nach Löwenberger Recht. Unübersehbares Wahrzeichen ist die Niederkirche St. Johann, eines der seltenen guterhaltenen Zeugnisse romanischer Baukunst des frühen Mittelalters in Niederschlesien. Allein vier davon sind an der Katzbach nachzuweisen. Die romanische Kunstepoche umfaßte die Jahre von 1000 bis 1250, die Zeit der hl. Hedwig. Erste westliche Siedler, die den kolonisierenden Zisterziensern folgten, zogen aus den Niederungen um Liegnitz weiter an der Katzbach entlang nach Schlesien hinein. Wo sie sich zuerst niederließen, finden sich Reste romanischer Bauten, die nach Grundmann auf die Arbeit meisterhafter deutscher Steinmetze schließen lassen. Auch St. Johann zeugt davon. Niedersächsische und westfälische Einflüsse sind nicht zu übersehen, das Schwergewicht liegt jedoch auf Vorbildern aus Thüringen und Altsachsen. Weitere Spuren der Romanik finden sich in Falkenhain, in Neukirch und Goldberg.

133   Vermutlich die erste deutsche Waldsiedlung Schlesiens ist KAUFFUNG, urkundlich bereits 1268 erwähnt, ein 6 km langes Waldhufendorf fränkischer Siedler im Bober-Katzbach-Gebirge. Die in der Nähe entspringende Katzbach windet sich dort durch Urkalklager. Kauffungs Reichtum beruht deshalb auf seinem rosig schimmernden Marmorkalk, den Friedrich II. zum Bau des »Neuen Palais« in Potsdam heranzog. In der frühgotischen Marienkirche von 1494 mit ihrer wehrhaften Mauer finden sich diese Renaissanceepitaphe derer von Seydlitz: »ANNO 1609 DEN 21. AUG. IST IN GOTT CHRISTLICHEN VORSCHIEDEN DER EDLE EHRENVESTE UND WOHLBENAMBTE CHRISTOPH VON SEIDLITZ ZU KAUFFUNGE DESSEN SEELE GOTT GNADE. – ANNO 1604 JAHR DEN 7. FEBRU IST IN GOTT CHRISTLICHEN VORSCHIEDE DIE EDELE VIL EHRENTUGENTREICHE FRAU KATTARINA RATZKIN VON GETERSDORF DIE LETZTE DIESES GESCHLECHTES…

134 Inmitten fruchtbarer Felder bei Würgsdorf und Quolsdorf nahe Bolkenhain steht NIEDER BAUMGARTENS uralte Kirche, als wäre sie ein stilles Mahnmal für alle, die hier 1945 bei den letzten Kampfhandlungen ihr Leben verloren. Der Ort zahlte dabei einen hohen Blutzoll. Das geht aus den Tagebuchaufzeichnungen des letzten Besitzers von Schloß Nieder Baumgarten, Hans Graf von Hoyos (1874–1960) hervor. Diese Kirche, der man ihre Verwandtschaft mit benachbarten romanischen Kolonistenkirchen ansieht, hat manche bösen Zeiten auf schlesischem Boden überdauert.

135 Hinter der Neißebrücke in der Kreisstadt Jauer schließen sich die Häuser von PETERWITZ an, dessen Wahrzeichen diese katholische Kirchenruine ist. Sie gehört mit zu den romanischen Kirchenbauten im Bober-Katzbach-Gebiet und dürfte mit dem Straßendorf Peterwitz im 13. Jahrhundert entstanden sein. Ihre »Ruinierung« verdankt sie der deutsch-russischen Waffenbrüderschaft vom Jahre 1813. Einer der Verbündeten ging an jenem Himmelfahrtstag unvorsichtig mit dem Feuer um. Die Kirche, das Pfarrhaus und andere Gebäude brannten ab; seitdem steht diese Ruine auf freier Flur.

136   Die Stadt JAUER ist eine Gründung aus der Kolonistenzeit, vermutlich 1241 unter Herzog Boleslaus, ausgestattet mit Magdeburger Recht, in der typischen Anlage mit einem viereckigen Ring, den das Rathaus, erstmals 1373 erwähnt, beherrscht. Der Marktplatz war rundherum mit Laubenhäusern umgeben, die mit dem Rathaus einem verheerenden Stadtbrand zum Opfer fielen. Erhalten blieb der gotische Rathausturm (65 m hoch) mit seiner Turmhaube aus dem 17. Jahrhundert. Die Laubenhäuser wurden nach 1776 errichtet, das Rathaus, so wie es sich heute darbietet, stammt aus den Jahren 1896/97. Es vereinigt einige Stilrichtungen in einem gelungenen Bauwerk. Die Kampfhandlungen von 1945 haben in der Innenstadt erhebliche Zerstörungen angerichtet. Die Markthäuser links im Bild sind ein Versuch zur Restaurierung, wenn auch mit Betonbögen im Gegensatz zu den früheren aus Steinquadern. Jauers Umgebung ist reich an Basalt- und Granitwerken, Steinschleifereien und Erzgängen; sie geben vielen Menschen Arbeit und Brot.

137 Ungewöhnliche Kirchenbauten künden vom Kampf der evangelischen Schlesier um die ihnen im Westfälischen Frieden zugesicherte freie Glaubensausübung. In der Friedenskirche zum Heiligen Geist in Jauer nahmen bereits im Jahre 1660 bis zu 6000 Gläubige am Gottesdienst teil; manchmal mußten sie stundenlange Wegstrecken bewältigen. Täuflinge waren deshalb selten jünger als zwei Jahre. Der Innenraum mit mehreren Emporen in der Art schlesischer Bauernmalerei mit biblischen Motiven und Herrschaftswappen wirkt heiter; man könnte auch sagen: wie dankbare Freude.

138 Auf einem Hügel oberhalb des verträumten Landstädtchens Bolkenhain thront guterhalten die Ruine der BOLKOBURG. Schon zwei Jahre nach ihrer Entstehung fiel sie dem alles verheerenden Mongolensturm von 1241 zum Opfer. Herzog Bolko I. von Schweidnitz und Jauer hatte sie 1292 wieder erneuert. Im 15. Jh. als Raubritternest gefürchtet, kam die Burg 1703 durch Kauf an das Kloster Grüssau und gelangte schließlich nach Säkularisierung der Klöster in preußischen Staatsbesitz. Mit Jugendherberge und Heimatmuseum lädt sie noch immer gastfreundlich zu einem Besuch ein.

139 Mit der nur 2,5 km entfernten Bolkoburg diente die SCHWEINHAUSBURG einst als Grenzfestung gegen Böhmen. Die recht eindrucksvolle Burganlage, im Siebenjährigen Krieg (1761) durch die Russen zerstört, umfaßte in ihrer Blütezeit über 300 Räume. Nun war sie für die seit dem 14. Jahrhundert dort ansässigen Herren von Schweinichen nicht mehr bewohnbar. Die Grabmäler derer von Schweinichen befinden sich bei der urkundlich 1318 belegten St. Nikolauskirche unterhalb der Burg. Ein berühmter Gast auf Schweinhaus war der schlesische Mystiker Jakob Böhme aus Görlitz.

140   In einem romantischen Tal unterhalb des Schmiedeberger Passes liegt STÄDTISCH DITTERSBACH, es war »Grüssauisch«. Die Mönche des Klosters fischten in der Venedigerwiese, einem Fischteich mit einer Insel. Die Klosternähe hat die Menschen dort nicht daran gehindert, abergläubisch zu sein: Sie fürchteten den nächtlichen Alp, der die Kinder austauschte und ihnen ein Wechselbalg in die Wiegen legte, oder sie wollten auf den Sumpfwiesen zwischen Liebau und Tschöpsdorf den Feuermann oder den Irrwisch gesehen haben. Dagegen halfen nur drei Kreuze aus geweihter Kreide.

141 Im feuchten Grund des Ziedertales liegt zwischen Liebau und Schömberg ERLENDORF, das seinen Namen den dort gedeihenden Erlen verdanken mag. Auf Wiesen und Feldern ringsum trifft der Spaziergänger immer wieder auf ein Wegkreuz, befindet er sich doch im Einflußbereich des Klosters Grüssau. Diese schöne Steinmetzarbeit ist heute von einem eifrigen Gläubigen mit fröhlichem Frühlingsblau verschönt worden. Hier erstreckte sich einst der undurchdringliche Grenzwald gegen Böhmen. Die Nachbarvölker befehdeten sich mit Kriegen und Raubzügen. Herzog Heinrich II., Sohn der hl. Hedwig, beschloß, diese Waldgebiete durch die Gründung eines Klosters urbar zu machen. Seine Wahl fiel auf das 20 km lange, nach Norden offene Ziedertal mit seinen deutlichen Vegetationsgrenzen. Mit dem Kloster Grüssau (1240) entstanden Siedlungen von Albendorf an der böhmischen Grenze über Schömberg bis hin nach Landeshut. An hohen Festtagen boten Prozessionen und Wallfahrten ein vertrautes Bild religiösen Brauchtums.

142 Über dem Ziedertal erhebt sich 593 m hoch der Annaberg. Dort in den Talauen zum Kloster Grüssau trifft der Besucher auf diese Kreuzwegkapellen. Erbaut »als Stätte religiöser Vertiefung durch die Begegnung mit dem göttlichen Kreuzträger«, befanden sie sich infolge der schlechten Finanzen des preußischen Staates 1910 in einem Zustand, der einen Abbruch geraten erscheinen ließ und den die bischöfliche Behörde in Breslau bereits genehmigt hatte. In letzter Minute veranstalteten die Grüssauer Patres eine Hauskollekte. So konnten sie die schönen Kreuzwegkapellen retten.

143 Hart an der deutsch-böhmischen Garnstraße liegt SCHÖMBERG im Ziedertal, eine böhmische Stadtgründung in den Grenzwäldern vor 1275. Zu Schlesien kam es 1289, wurde 1368 wieder böhmisch, 1526 habsburgisch und 1742 preußisch. Dreißig Jahre später griffen die Weberunruhen hierher über. Bis 1810 gehörte die Stadt zum Kloster Grüssau und erhielt unter Abt Bernhard Rosa (1670–1691) viele Barockbauten, zu denen diese Laubenhäuser der Leinenhandelsherren gehören. Ein Kulturdenkmal sind die »Zwölf Apostel«, Holzlaubenhäuser der Webersiedlung von 1707.

144   Als »des Landes Hut« (= Hüterin) gründete 1289 Herzog Bolko I. von Liegnitz die stark befestigte Stadt an der Grenze zu Böhmen. Trotz ihrer Höhenlage (539 m) erstreckt sie sich in einer Talmulde zwischen Landeshuter Kamm und Waldenburger Bergland. Hier kämpften Piasten gegen böhmische Könige, zerstörten Hussiten die Stadt zwischen den Klöstern Grüssau und Reichenbach, dessen Stammkloster sich am Bodensee befindet. Der Dreißigjährige und die drei Schlesischen Kriege hinterließen Tod und Verwüstung – doch das prachtvolle Rathaus aus dem 14. Jahrhundert überstand alle Stürme. Nach der Zerstörung des nahegelegenen Renaissanceschlosses Kreppelhof zählt es mit der katholischen Stadtpfarrkirche St. Peter und Paul (1295) und der von Martin Frantz zwischen 1709 und 1720 erbauten barocken evangelischen Gnadenkirche zur Hl. Dreifaltigkeit zu LANDESHUTS schönsten Bauwerken. Leine- und Schleierweberei lösten die mittelalterliche Tuchmacherkunst ab; daraus entwickelte sich die Textilindustrie.

145 Der Brückenheilige sinnt schon seit 1725 dem Lauf der Dinge nach, weshalb beispielsweise eine Stadt so oft den Herrn wechselt? Erzlager lieferten Rohstoffe an die Eisenhämmer, in denen schon 1148 an die 200 Bergleute gearbeitet haben sollen. Neben Sensen und Sicheln, Messern und Pfannen machten Schmiedeberger Donnerbüchsen Böhmen, Habsburger und Preußen begehrlich. SCHMIEDEBERG wurde 1513 Stadt; als man sie 1747 zur »freien Reichsstadt« erhob, war der Bergbau fast erloschen. Leinenhandel und Schleierweberei bestimmten die Wirtschaft. Vornehme Schleierherren hinterließen in Alt Schmiedeberg barocke Baudenkmäler: die Familiengrüfte der Kaufmannsfamilien Buchwald-Bunther auf dem katholischen Friedhof. Die katholische Stadtpfarrkirche St. Maria, ein spätgotischer Bau von 1312, erhob sich an der Stelle einer Bergmannskapelle. Für das abgebrannte evangelische Bethaus aus Holz errichtete man 1708 mit kaiserlicher Genehmigung »vor« der Stadt eine der sechs schlesischen Gnadenkirchen.

146 Der mächtige Trümmerkegel der Schneekoppe erhebt sich 1605 m hoch über dem einst eiszeitlich vergletscherten Melzergrund und dem Riesengrund. Das Knieholz bleibt in Kammhöhe zurück, die Schneekoppe selbst ist kahl bis auf das entzückende Habmichlieb, eine Zwergprimelart. Sie breitet im Frühsommer einen rosafarbenen Schimmer über das uralte Gestein. Seit dem Bau der Laurentiuskapelle (1681) pilgern fromme und andere Wallfahrer auf die Koppe. Sonnenaufgänge und die Rundumsicht über 150 km bei gutem Wetter ließen den beschwerlichen Aufstieg leicht vergessen.

147 Erst im 18. Jahrhundert erhielt die spätmittelalterliche Simultankirche von 1388 in STONSDORF ihre barocke Zwiebelhaube. Hier wurde erstmals 1810 der berühmte Stonsdorfer Bitter aus Gebirgskräutern destilliert; durch ihn ist Stonsdorf im Kreis Hirschberg bis heute das bekannteste schlesische Dorf geblieben. Zu Füßen des Stonsdorfer Prudelberges (484 m) breitet sich das größte Granitblockmeer des Riesengebirges aus. Es entstand aus übereinandergetürmten Granitblöcken, die infolge der Temperatursprünge zerfielen; gut herausgebildete »hohle Steine« blieben zurück.

148 »Die Heemte ies an junge Braut, / sie wihl geliebt sein treu und ehrlich. / War uf die weite Welt vertraut, / dam werd der Wäg beschwerlich.« Wer wollte sich einer solchen Liebe, die der Krummhübler Mundartdichter Richard Anton (1903–1983) uns hinterließ, verschließen? KRUMMHÜBEL, im Schatten der Schneekoppe, schmückt sich oft als Braut wie auf diesem Bild. Als Sommerfrische und Ausgangspunkt für die beschwerliche Koppenbesteigung ist der Ort beliebt, der mit Brückenberg ein Doppeldorf bildet. Seit über hundert Jahren ist hier der Skisport zu Hause. Heute ist Krummhübel touristischer Mittelpunkt mit allen sich ergebenden Folgen. Als nach dem Dreißigjährigen Krieg böhmische Protestanten Zuflucht suchten, gestattete ihnen Ulrich Graf Schaffgotsch, sich hier niederzulassen und Heilkunde zu betreiben. Sie hingen der Paracelsischen Naturlehre an und machten als »Krummhübler Laboranten« diesen Ort im Riesengebirge weithin berühmt wie auch all die balsamischen Kräuter, die dort wachsen.

149 Ein Wintermärchen – die Kirche WANG bei Brückenberg. Um einen Herzenswunsch der gütigen Gräfin Reden auf Schloß Buchwald zu erfüllen, ließ Friedrich Wilhelm IV. von Preußen diese Stabholzkirche im norwegischen Wang ersteigern, hierher transportieren und wieder aufbauen – ursprünglich als Geschenk an die evangelische Bevölkerung des Riesengebirges gedacht. Seit der Einweihung im Jahre 1844 bis auf den heutigen Tag ist sie die heimliche Liebe aller Schlesier geblieben und unterstreicht damit die in Niederschlesien oft zu beobachtende enge Bindung an den Norden.

150 Ein felsiger Grat in 1300 m Höhe trennt die beiden Teiche voneinander; der KLEINE TEICH liegt uns zu Füßen. Unser Blick schweift von der Teichbaude, wo sich schon 1670 der Teichwärter mit Schneereifen in die weiße Wildnis begab, zur Hampelbaude, dem Ski- und Sportschulzentrum, und zur Schneekoppe. In dieser erhabenen Berglandschaft, geformt von der letzten Eiszeit, gesegnet mit seltenen Pflanzen der nördlichen Tundra, wird C. Hauptmanns Gedicht Gegenwart: »Wenn ich hoch oben geh' schwinden die Qualen, / fängt mir die Sonne an Schlösser zu malen...«

151 Als John Quincy Adams, amerikanischer Gesandter in Berlin, im Jahre 1800 Schlesien bereiste, schrieb er angesichts der einmaligen Landschaft: »Nichts gewährt einen schönern Anblick als die Lage Hirschbergs. Die Stadt liegt im Thale, von jeder Seite mit Hügeln umschlossen, die von verschiedener Höhe miteinander abwechseln; den Hintergrund dieser Scene schließt das majestätische Dunkel des Riesengebürges.« Von der Felswand östlich des Kleinen Teiches aus bietet sich dieses Panorama in das Hirschberger Tal mit beiden Falkenbergen und dem Dorf Fischbach im Hintergrund.

152 Obwohl im Schatten Krummhübels und Fischbachs, zählte ARNSDORF nie zu den viel besuchten Erholungsorten; heute ist sein gut erhaltenes Schloß Erholungsheim. Im 16. Jahrhundert befand sich hier eine Herrschaftskanzlei, denn Caspar von Schaffgotsch vom Kynast besaß in Fischbach ein Gut und ein Hammerwerk. Am 16. März 1742 erteilte Reichsgraf von Waldstein »die allergnädigste Konzession« zum Bau eines Bethauses, das den Orten Arnsdorf, Steinseiffen, Krummhübel, Querseiffen, Brückenberg und Wolfshau zur Ausübung des evangelischen Glaubens diente.

153 Patrizierhäuser stehen auf der Nordseite des HIRSCHBERGER Marktplatzes, einst gerühmt als der geschlossenste des deutschen Ostens: fast quadratisch, mit Rathaus und Siebenhäusern in der Mitte, umsäumt von barockgeschmückten Handelshäusern der Schleierherren, umzogen von gleichmäßigen Laubenbögen. Berühmt ist das zweite Haus von links, das »Goldene Schwert« mit der einst schönsten Rokokofassade Schlesiens. 1945 unzerstört, verfiel die Stadt danach. Der Markt ist ansprechend gestaltet; mit dem geglätteten Häuserschmuck verschwand Hirschbergs alter Glanz.

154 Hirschberg, Tor zum Riesengebirge, war im 17. und 18. Jahrhundert eine blühende Handelsstadt. Von hier ging das begehrte Schleierleinen in alle Welt. Die Handelsherren schufen durch begabte Baumeister und Künstler eine Barockstadt nordischer Prägung. Das Rathaus, erbaut im ausgehenden 18. Jahrhundert nach Plänen des königlichen Baumeisters Hedemann, scheint mit klassizistischer Nüchternheit Antwort auf das Barock zu geben. Die mit dem RATHAUS, Verkörperung »preußischer Beamtenstrenge«, verbundenen Siebenhäuser sind heute alle mit einem Spitzdach versehen.

155 Als einziges erhaltenes Zeugnis mittelalterlicher Baukunst hat sich die alles überragende katholische STADTPFARRKIRCHE St. Erasmus und Pancratius über die Zeit retten können; alle anderen Bauten sind verheerenden Bränden und kriegerischen Verwüstungen zum Opfer gefallen. Diese hohe gotische Kirche hatte eine Vorgängerin aus Holz; nach deren Brand wurde auf Betreiben Herzog Heinrichs II. 1168 mit einem Neubau aus Stein begonnen und 1304 eingeweiht. Das 14. und 15. Jahrhundert unter der Herrschaft der Luxemburger stand ganz im Zeichen der Kunst. So vereinigen sich Gotik und Renaissance in einem ausgewogenen Verhältnis: hier pfeilertragende, hoch und spitz zugehende Gewölbe, dort kunstvoll geschnitztes Chorgestühl. Auch nachfolgende Jahrhunderte hinterlassen ihre Kunst: der von Thomas Weißfeld geschaffene herrliche Barockhochaltar aus den Jahren 1713–1718. Der Eingang neben dem Hauptportal kündet mit seinen gut erhaltenen Epitaphien von Kirchenmännern und Hirschberger Familien.

156 Hirschberg, schlesische Barockstadt protestantischer Ausprägung, besitzt in seiner GNADENKIRCHE ein ungewöhnliches Baudokument. Unser Bild zeigt einen Ausschnitt aus dem rechten Prospekt der Orgel, die der Schleierherr Christian Menzel stiftete. Die Figuren werden Thomas Weißfeld aus Oslo zugeschrieben. Weil die Habsburger die im Westfälischen Frieden zugesicherte Religionsfreiheit mißachteten, zwingt Karl XII., schwedischer König, 1707 in der »Altranstädter Konvention« den Kaiser in Wien zur Einhaltung der Religionsfreiheit, worauf dieser in Schlesien sechs Gnadenkirchen erlaubt. Beim Abstecken mußte das Baugrundstück mit dem »Gnadenzeichen«, einem Stab mit dem österreichischen Doppeladler, markiert werden, das später über dem Altar befestigt wurde. Wohl aus Dankbarkeit für die Hilfe des Schwedenkönigs wurde die Gnadenkirche (1709–1714) »Zum Kreuze Christi« der Katharinenkirche zu Stockholm nachgebaut. Wohlhabende Bürger schmückten ihre Kirche mit barocken Kunstwerken.

157 Es heißt, Gerhart Hauptmann habe Haus WIESENSTEIN erbauen lassen, um sich in seiner Zeit zu verwirklichen: halb Burg, halb Schloß, eine neue, vom Jugendstil beeinflußte Baukunst. So wie Hauptmann im Jahre 1900 das alte Gebirgshaus in Mittelschreiberhau verließ, um in seinem prächtigen Neubau in Ober Agnetendorf mit seiner zweiten Frau, Margarete Marschalk, und Sohn Benvenuto zu leben, so wendet er sich vom Realismus im Weberdrama hin zum neuromantischen Märchenstück wie »Die versunkene Glocke« oder »Hanneles Himmelfahrt«. Am 9. Mai 1945 besetzten russische Truppen auch den Wiesenstein, die Familie Hauptmann erhielt einen Schutzbrief der Besatzungsmacht. Kaiser Wilhelm II. hatte 1894 bei der Aufführung der »Weber« aus Protest seine Loge verlassen; nun kam wegen dieser Dichtung der russische Oberst Sokolow mehrfach aus Liegnitz zum Wiesenstein hinauf. Selbst er kann nicht verhindern, daß dem toten Nobelpreisträger von 1912 († 6. Juni 1946) die ewige Ruhe in der Heimaterde verwehrt wird.

158 Über dem Kurort Schreiberhau erhebt sich, untrennbar mit dem Namen des mehrfachen deutschen und österreichischen Skimeisters Kurt Endler verbunden, der Reifträger (1362 m). Die Familie wurde nach 1918 aus der jenseits der Grenze liegenden, seit 1790 bestehenden Wosseckerbaude vertrieben und baute deshalb 1922 die REIFTRÄGERBAUDE. Ein Grenzlandschicksal wäre es geblieben, hätten Endlers nicht 1945 den Reifträger verlassen müssen. Tochter Michaela hielt den Namen Endler in internationalen Wintersportberichten hoch. Langlauf war ihre Meisterdisziplin.

159 Wo sich der Bober in einer großen Schleife windet, entstand 1242 unter Boleslaus II. das mit Magdeburg-Löwenberger Recht ausgestattete Städtchen LÄHN. Die aus dieser Zeit stammende Burgruine Lehnhaus steht auf dem Bollwerk eines slawischen Kastells aus dem 11. Jahrhundert. Burg Lehnhaus machte als Raubnest von sich reden: »Es is wie ei Lähn: wenn zwee-e spieln, saufa zehn...« Im Volksmund sprach man wegen der jährlichen Taubenmärkte mit Volksfest von »Tauba-Lähn«. Aus dem roten und weißen Sandstein der Lähner Mulde stellte man Mühlsteine und Rinnen her.

160   Schönheit und Ausgewogenheit künden von niederschlesischer Bildhauerkunst im 16. Jahrhundert. In der Grabkapelle der 1512 erbauten katholischen St. Hedwigskirche in GREIFFENBERG befindet sich dieses Epitaph für den 1584 verstorbenen Christoph Schaffgotsch, Herr auf Kynast und Kemnitz. Seit 1400 saßen die Grafen auf der nahen, heute verfallenen Burg Greiffenstein. Vorbesitzer war der Raubritter Wolf von Romke, 1399 in Greiffenberg hingerichtet. Die Stadt ist eine Gründung von Herzog Bolko II. nach Magdeburg-Löwenberger Recht (1334). Im Wappen führt sie den Greif, das geflügelte Fabeltier. Leinen- und Garnhandel bestimmten das wirtschaftliche Leben, die Ausfuhren über die Hohe Straße gingen in europäische Länder und nach Amerika. Mit dem König in Potsdam führten die Greiffenberger Leinenhandelsherren einen »Damastkrieg«. Die durch Napoleon I. erzwungene Kontinentalsperre (1806) brachte Niedergang und neue Blüte (Greiff-Textilwerke). Walter Volland (1898–1980), bekannter Holzbildhauer, ist ein Sohn der Stadt.

161 Das zweitschönste Rathaus Schlesiens, dem Baumeister Wendelin Roßkopf aus dem frühen 16. Jahrhundert zugeschrieben, steht in LÖWENBERG. Aus Quadersandsteinfels des Löwenberger Beckens bestehen die Epitaphien des gotischen Kreuzrippengewölbes im Untergeschoß. Kunstschmiedearbeiten runden das bauliche Kleinod der 1209 von Herzog Heinrich I. von Schlesien gegründeten Stadt mit rechteckigem Ring, wehrhaften Stadtbefestigungen und Stadttoren ab. 1631 macht der »Löwenberger Weiberkrieg« von sich reden; ihn hat Gustav Freytag literarisch bearbeitet.

162   Auf halbem Wege zwischen Bad Flinsberg und Greiffenberg liegt das Landstädtchen FRIEDEBERG, das der talwärts strebende Queis durcheilt. Herzog Heinrich I. von Jauer gründete es 1337 aus »wilder Wurzel« im Grenzwald zu Böhmen als deutsche Kolonistenstadt mit Magdeburg-Löwenberger Recht. Der Leinenhandel spielte eine wichtige Rolle im Wirtschaftsleben der Stadt. 1862 waren noch vier Rasenbleichen in Betrieb, auf denen bei günstiger Witterung etwa 3000 Zentner Leinengarn »bleichten« – obwohl bereits sechs chemische Leinengarn-Bleichanstalten bis Lauban hin arbeiteten. 1767 brannte das Bethaus ab, an dessen Stelle ein Jahr später die evangelische Kirche entstand. Dagegen stammt die katholische Stadtpfarrkirche St. Maria aus dem 16. Jahrhundert. Ihre schöne barokke Innenausstattung kam 1881 hinzu. Geblieben sind dieser reizvollen Gegend ihre Ausflugsziele in die Iserberge im Sommer wie im Winter: das Heufuder (1107 m) mit Baude, nahe der Tafelfichte oberhalb von Bad Schwarzbach.

163 Eine Perle barocker Kirchenbaukunst ist die Pfarr- und Klosterkirche St. Maternus von LIEBENTHAL im Kreis Löwenberg. In diesem idyllischen Städtchen im Vorland des Isergebirges wurde 1287 ein Benediktinerinnenkloster gegründet. Die barocke Fassade und Ausschmückung erhielt sie allerdings erst zwischen 1726 und 1730. Bei der Säkularisierung der Klöster (1810) wurde Liebenthal zum Zentralkloster für alle aufgelösten Frauenklöster Schlesiens. 1845 zogen hier Ursulinerinnen ein, die schon zehn Jahre später eine Mädchenschule mit angeschlossenem Pensionat gründeten. Im Schulwesen erfreuten sie sich des allerbesten Rufes. Angeschlossen war ein katholisches Lehrerinnenseminar, das 1926 in eine Aufbauschule umgewandelt wurde. Liebenthal ist nach Magdeburg-Löwenberger Recht als deutsche Stadt gegründet und hatte, wie andere niederschlesische Städte, nacheinander die verschiedensten Herren. Von altersher beherrschten Ackerbau, Garnspinnerei und Leineweberei das Leben der Bevölkerung.

164 Schweizer Landschaften standen oft für schlesische Ortsnamen Pate. Eingebettet in eine romantische Landschaft, umgeben von würzigen Nadelwäldern, galt Bad FLINSBERG als »schlesisches Engadin«. Schon im 16. Jahrhundert war die Heilkraft seiner sieben Stahlquellen mit ihrem hohen Radiumgehalt bekannt, doch erst 1763 wurde es Kurort und erreichte seine Blütezeit 1899 unter Schaffgotscher Herrschaft mit der Einweihung des Kurhauses. Wintergäste fuhr Ludwig Erlebach mit seinem Pferdeschlitten oder mit dem Hörnerschlitten durch die verschneite Bergwelt.

165 Eingeschneit ist die sonst weithin leuchtende Schatzkammer des Isergebirges: der weiße Flins, ein Quarzitschiefer, eingelagert als große Linse in den harten Glimmerschiefer der Iserkämme, Rohstoff für unzählige Glashütten in diesen Bergwäldern. Kunstvoll geschliffene Gläser oder Schmuckstücke, Butzenscheiben und Industrieglas gehen in alle Welt. Die Bergkämme ähneln einander: WÄLSCHER KAMM, Hoher und Mittlerer Iserkamm. Dazwischen dehnt sich im Quellgebiet der Iser eine düstere Moorlandschaft aus, die von Sagen und Geheimnissen umwitterte Große Iserwiese.

166 Dieser bewaldete Basaltkegel ist der 990 m hohe BUCHBERG, Hausberg von Klein Iser, das bereits im 14. Jahrhundert erwähnt wird. Wallenstein, der »Friedländer«, hatte es gegen eine Abfindung von Herrn von Biberstein erworben. Als Fischer, Vogelsteller, Aschenbrenner, Harzkratzer und Schüsselmacher verdienten damals die Leute ihr schweres Brot. Mit den geheimnisvollen Walen kamen Gold- und Edelsteinsucher. Die erste Glashütte entstand im 16. Jahrhundert. Starke Gebirgspferde (unser Bild) aus der Steiermark fürchten weder hohen Schnee noch schwere Lasten.

167 GROSSE ISERWIESE heißt dieses Hochmoor, ausgedehntes Quellgebiet mehrerer Flüsse wie Queis und Zacken, sagenumwobene und zugleich schwermütigste Landschaft Niederschlesiens, ausgewiesen als Naturschutzgebiet im heutigen Nationalpark Riesen- und Isergebirge, einem der größten in Europa. Ungehindert gedeihen in unzugänglicher Einsamkeit botanische Seltenheiten, die das Eis der nördlichen Tundra hinterließ: Zwergbirken, Zwergwacholder, Habichtskraut. Knieholz wächst in 730 m Höhe, woanders erst in 1100 m. Holzsteige aus Bohlen erleichtern das Wandern.

168 Wer könnte sich angesichts einer Wiese voller Trollblumen, auch als Glatzer Rosen bekannt, einem Frühlingsspaziergang entziehen? So blüht es alljährlich auf den feuchtmoorigen Wiesen um KLEIN ISER (780 m) auf der böhmischen Seite des Isergebirges. Im Schlesischen, am Iserkamm, liegen in 830 m Höhe die Kobelhäuser und die von Groß Iser, obwohl sie eigentlich eine Ortschaft bilden. Hier hatte früher die Staatsgrenze keinen trennenden Charakter: Man ging »rüber und nüber« zu Verwandten und Nachbarn und traf sich zu Kindstaufe und Begräbnis, zu Hochzeit und Festen.

Regierungsbezirk Liegnitz

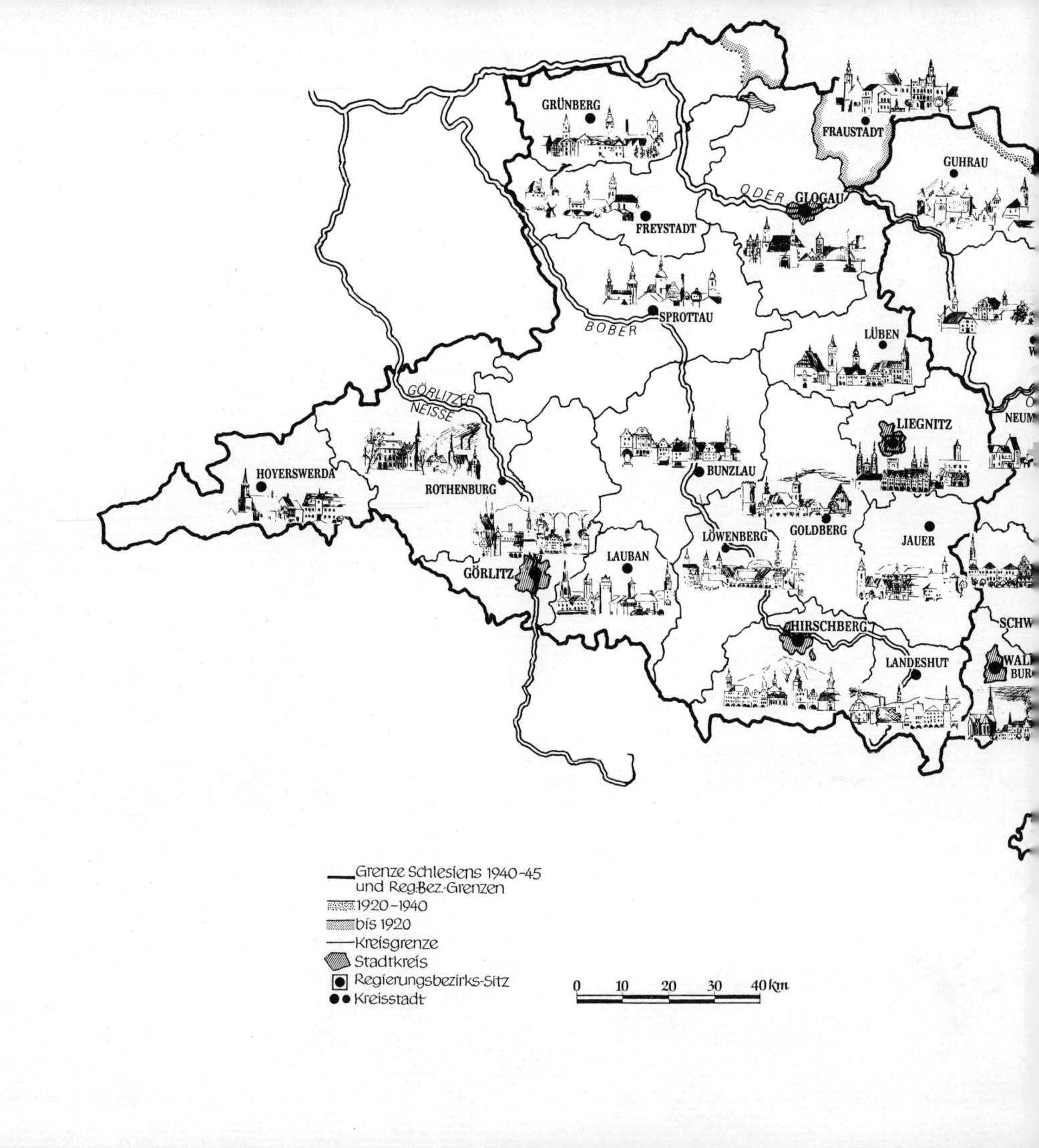

Städte/Kreise:
- GRÜNBERG
- FRAUSTADT
- GUHRAU
- FREYSTADT
- GLOGAU
- SPROTTAU
- LÜBEN
- HOYERSWERDA
- ROTHENBURG
- BUNZLAU
- LIEGNITZ
- GÖRLITZ
- LAUBAN
- LÖWENBERG
- GOLDBERG
- JAUER
- HIRSCHBERG
- LANDESHUT

Flüsse: ODER, BOBER, GÖRLITZER NEISSE

Legende:
- Grenze Schlesiens 1940–45 und Reg.-Bez.-Grenzen
- 1920–1940
- bis 1920
- Kreisgrenze
- Stadtkreis
- Regierungsbezirks-Sitz
- Kreisstadt

0 10 20 30 40 km